Erich Schreyer

Kopf hoch, Junge
Eine Erzählung aus dem Weltkrieg

mit einem Vorwort von Jonathan Reinhardt

HAUSVERLAG Reinhardt

Die Originalausgabe von *Kopf hoch, Junge* erschien
1937 im Traktathaus Anker-Verlag, Bremen

© 2016 Hausverlag Reinhardt, in Vertretung der Erben von Erich Schreyer

ISBN 978-0-692-59309-7

In Verbindung mit den Kindern des Schriftstellers, Johanna Haas und Hermann
Schreyer, redigiert und herausgegeben von Jonathan Reinhardt. Redaktionshilfe von
Andreas Reinhardt. Grafische Bearbeitung von Miriam Pinkston. Finanzierung des
Projekts durch Johanna Haas. Quellenzuarbeit durch Johanna Haas und Hermann
Schreyer.

Der Text dieser Ausgabe wurde für den Nachdruck 2016 an die Rechtschreibregeln
der deutschen Rechtschreibreformen von 1996 bis 2011 weitgehend angepasst.

Hanna & Hermann gewidmet

Alle Rechte vorbehalten. Printed in Germany. 1937.
Druck: Druckerei des Traktathauses in Bremen.

Kopf hoch, Junge!

Eine Erzählung aus dem Weltkrieg

von

Erich Schreyer

Traktathaus, Anker-Verlag, G. m. b. H., Bremen

1. Eine jämmerliche Stunde

In der gleichen Minute, da in der kleinen, dunklen Stube der Wecker rasselte, sprang Hermann Jansen, ein vierzehnjähriger Junge, aus seinem Bett, schraubte den glimmenden Docht der kleinen Nachtlampe so hoch, daß eine rotblaue Flamme aufglühte und rieb sich gähnend die Augen.

„Sechs Uhr dreißig", sagte er schlaftrunken. Dabei lachte er vergnügt vor sich hin, als hätte er einen nicht leichten Kampf siegreich beendet.

Rasch fuhr der Junge in seine ärmlichen Kleider und wusch sich gründlich und prustend wie ein zünftiger See-bär. Danach trat er ans Fenster, das seit Wochen jeden Morgen von unten bis oben mit Eisblumen bedeckt war. Wenn er den warmen Hauch seines Mundes gegen die Scheiben puffte, konnte er trotz der Dunkelheit die Schnee-berge sehen, die sich auf der Straße türmten.

Nein, wie das fror! Solche anhaltende Kälte hatte Hermann noch nicht erlebt. Selbst die Mutter, die Nach-barin und auch der Lehrer erzählten, daß sie schon viele Jahre in ihren Gedanken zurückgehen müßten, um sich an einen ähnlichen strengen Frost zu erinnern.

Es war im Winter 1916/17. Ein eisiger Wind lief seit Monaten durch die Straßen deutscher Städte und Dörfer, rüttelte mit gewaltiger Kraft an Fenster und Türen und erschreckte frierende Menschen, auf denen nun schon seit zweieinhalb Jahren die Last des Krieges lag. Schier ohne Ende tanzten die Schneeflocken vom tief herabhängenden Himmel zur Erde, wurden vom Wind gepackt und toll durcheinander getrieben. Auf den Bürger-

Vorwort
Jonathan Reinhardt

Der Ort, an dem ich dieses Vorwort schreibe, hat etwas Märchenhaftes. Durch die Bleiglasfenster hier an der Cornell-Universität blicke ich auf efeuumrankte, gotische Türme aus Sandstein, schwere Holztüren, Steinwappen und Spitzbogen, und auf steile, schwarzblaue Schieferdächer. Die von einer halben Ewigkeit an Stürmen verwaschenen Berge, die überall dem Horizont entgegenrollen, sind walddunkel, weinbergbefleckt, und wolkenbeschlichen. Im tiefen Tal unterhalb des Universitätsbergs liegt das schläfrige Städtchen Ithaca, dessen Kirchen und Holzhäuser teils so alt sind wie der amerikanische Staat. Der lange, schmale Cayugasee funkelt tiefblau in der Herbstsonne. Am Himmel kreisen die Habichte, und um die Türme die Krähen. Selbst der Begriff für diese Gedankenwelt klingt wie etwas aus dem Märchen- und Sagenschatz: Elfenbeintürme. Es ist eine etwas unwirkliche Welt, aber es gibt sie doch.

Genauso märchenhaft und leicht entrückt scheint es mir auch, über Erich Schreyer zu schreiben. Manch einer kennt seinen Urgroßvater. Ich kannte ihn nicht. Er starb jung. Die Welt von Erinnerungsschatten, in der er für mich lebte, liegt tief in der Familienvergangenheit. Über meinen Urgroßvater Erich zu schreiben ist, als schriebe man über Jemanden aus einer anderen Welt, die schon lange nicht mehr existiert, außer in Schwarzweiß-Fotografien, Anekdoten, und Geschichtsbüchern. Es ist jedoch ein Trugbild, eine Verzerrung, so zu tun, als sei Erich für uns nur etwas Verblichenes. Seine Welt und seine Zeit erscheinen heute vielleicht als eine etwas unwirkliche Welt, aber es gibt ihn noch. Erich lebt in unseren Genen, in unseren geerbten Gesten, Gesichtszügen, und Gedanken. Er hat durch seine Kinder unsere Familienvergangenheit und unsere Gegenwart geprägt. Wir wissen es nur nicht, und auch nicht immer genau wie. Glücklicherweise füllt dieses Buch einen Teil dieser Wissenslücke.

Kommen wir also zum Anfang von Erichs Lebensgeschichte, damals „beim Kaiser," einer Zeit, die zu jener Mischung aus Traum, Vorstellung, und Gedankenspielen gehört, die uns als Schatten und Echos aus den Bildern, Geschichten, und Denkmälern der Vergangenheit und dem Nebel der Erinnerungen vorzuschweben scheint, die uns gleichzeitig fern und nah ist, fremd und innig bekannt.

Erich Fritz Schreyer wurde im letzten Jahr des viktorianischen Zeitalters geboren, am 30. Dezember 1901. Erichs Geburtsort war das damals deutsche Breslau, eine Stadt in der Provinz Schlesien, im ehrwürdigen und mächtigen Königreich Preußen, dessen König auch der Kaiser des Deutschen Reichs und der deutschen Überseekolonien war. Heute gibt es sie nicht mehr, diese Könige, Provinzen, und Länder.

Der englische Schriftsteller L.P. Hartley schrieb einmal, „Die Vergangenheit ist ein fremdes Land, dort gelten andere Regeln." Er hatte Recht. Erichs Geburtswelt war eine, in der zwischen Straßenbahnen und Pferdekarren noch recht selten Autos über Kopfsteinpflaster rumpelten, das Fliegen weitgehend den Vögeln vorbehalten war, und Bücher in Fraktur gelesen wurden, einer Schrift, die wir heute kaum entziffern können. Von Weltkriegen hatte 1901 noch niemand gehört, von Computern schon gar nicht, und selbst U-Boote kannte man eher aus Jules Verne als aus den Zeitungen. Sherlock Holmes gab es noch in Erstausgabe, Thomas Mann war noch jung, und wer weit verreiste, reiste in die Alpen oder an die Ostsee, und zwar mit der Bahn. Nach Amerika dauerte es eine Woche auf einem Ozeandampfer, und von dort kam man selten wieder zurück. Die Post kam mehrfach täglich, und man schrieb sie meist mit der Hand. Die Wäsche kochte man, die Marmelade ebenfalls. Die Heizung war ein Ofen. Das Klo war auf dem Gang und warmes Wasser aus dem Hahn gab es nur im Hotel Adlon. In der feinen Gesellschaft waren gerade Séancen Mode, am Sonntag spazierte man im Park und hörte Kapellenmusik. Wer als Handwerker geboren wurde, der blieb es auch. Wer als Industriellensohn geboren wurde, wurde Maler. Man sagte gnädige Frau und trug Hut. Die Lebensträume waren kleiner und die Welt noch unbeschreiblich groß.

Dass in der Vergangenheit andere Regeln galten, merkt man an diesem Buch. *Kopf hoch, Junge* ist ein Werk aus dieser verflogenen Zeit. Das einzige bekannte Literaturstück Erichs ist ein Schuljungenroman, wie man ihn aus den 1920er und 30er Jahren gut kennt. Es ist auch ein Zeitzeugnis von Erichs Gedankenwelt.

In diesem Buch spiegeln sich viele von Erichs Jugenderinnerungen und derer seiner Generation, die den „Flügelschlag des rauen Krieges" – so Erichs poetische Wortwahl – von 1914 bis 1919 als überwältigenden Schatten über ihr Kindheitsende fegen sah. In diesem Buch spiegelt sich Erichs überzeugter christlicher Glaube, dem er in den 1920er sein Leben und seine Karriere verschrieb. Es spiegelt sich seine Standfestigkeit, als er an dieser Entscheidung in den 1930er Jahren festhielt, obwohl es viel Charakterstärke verlangt haben dürfte, seine Mitgliedschaft in der von der Nazi-Diktatur verfolgten Bekennenden Kirche und seine Tätigkeit als hauptamtlicher Mitarbeiter des amtlich unterdrückten Christlichen Vereins Junger Männer unbeirrt fortzuführen. Es spiegelt sich Erichs Zivilcourage, denn ein Buch wie *Kopf hoch, Junge*, das eine nicht regimekonforme Lebensweise jungen Menschen nahebringen sollte, in einem als regimefeindlich eingestuften, wenig später offenbar unterdrückten Verlag noch 1937 zu veröffentlichen, war zwar ein sehr kleiner, aber eben merklicher Akt ideologischen Widerstands. Es ist gerade die Alltäglichkeit, Selbstverständlichkeit, und das Unprätentiöse an dieser Geste, die sie für uns vorbildlich machen sollte.

Schließlich spiegelt sich in *Kopf hoch, Junge* auch Erichs Liebe zu seiner Frau, Lottchen, und seiner Familie, von der er als Totkranker wusste, dass er sie sehr bald verlassen musste. Es dürfte kein Zufall sein, dass die Figur der Mutter Jansen deutliche Ähnlichkeiten zu Lottchen Rothmann aufweist. Auch die Entscheidung, der Hauptfigur Hermann Jansen denselben Vornamen zu geben, wie Erichs Vater und Erichs 1933 geborenen Sohn, weist darauf hin. Im Jahr 1937 war der nächste Krieg schon absehbar. Dass der damals sehr kleine Hermann einen ähnlichen Kriegsalltag und eine ähnliche Vaterlosigkeit erleben werden dürfte, wie Hermann Jansen, bedurfte keiner weit her geholten Fantasie. Das Buch war nicht nur als Unterhaltungs- und Erbauungsliteratur für junge Christen gemeint, sondern auch als väterliche Liebeserklärung, als einen Abschiedsbrief an die Familie – und damit auch an uns.

Lottchen & Erich Schreyer

Quelle: Erben

Um diesen Brief, dieses Buch, richtig verstehen zu können, müssen wir uns bemühen, Erich und seine Welt zu rekonstruieren und mit unserer Vorstellungskraft wieder aufleben zu lassen. Ich wähle die Worte bemühen und rekonstruieren ganz bewusst, weil das kein leichtes Unterfangen ist. Wir wissen über Erich relativ wenig. Er starb früh, an Tuberkulose. Es steht keine staubige Truhe voller Briefe und Tagebücher von ihm auf unserem

Dachboden, liegt keine Geburtsurkunde oder sonstige Akte über seinen Lebenslauf in unseren Schubladen, ruhen keine Andenken an ihn oder an sein Innenleben in unseren Wohnzimmerregalen. Dafür sorgte ein westalliierter Bombenvolltreffer 1944 auf die Schreyer'sche Familienwohnung im Berliner Stadtteil Kreuzberg und die Vertreibung der in Breslau verbliebenen Schreyers aus Erichs Elternhaus nach dem Kriegsende 1945 durch die Sowjetarmee. Selbst Fotos von Erich gibt es kaum.

Es bleiben uns also zweierlei Quellen. Erstens, das Buch *Kopf hoch, Junge*. Zweitens, die Erinnerungen von Erichs zwei noch lebenden Kindern, meiner Großmutter Johanna Haas und meines Großonkels Hermann Schreyer. Wenn man diese vorsichtig zusammenpuzzelt und um einige geschichtliche Tatsachen ergänzt, ergibt sich ein Bild von Erich, das realistisch scheint: Erich war ein komplexer, tiefsinniger, couragierter Mensch, voller Liebe für seine Familie und Anteilnahme für seine Mitmenschen, geprägt von Mannschaftsgeist, Loyalität, Frommheit, und Tiefsinnigkeit, ausgestattet mit einem ausgeprägten Sinn für Gerechtigkeit und feinfühliger Güte, etwas schüchtern zwar und etwas melancholisch, aber durchaus mit Führungsqualitäten und oft voller ruhiger Lebenslust. Seine schriftstellerische Fähigkeit beweist zudem eine ausgeprägte Beobachtungsgabe, mit einem ausgezeichneten Sinn fürs vielsagende Detail. Und eben ein Talent, mit Worten umzugehen. Wer seinen Sohn Hermann selbst verfasste Gedichte hat vortragen hören, den überrascht das nicht.

Erich Fritz Schreyer wurde also am 30. Dezember 1901 in Breslau in Schlesien geboren. Sein Vater Hermann war Tischler. Seine Mutter hieß Bertha. Erich war der dritte Sohn; seine älteren Brüder hießen Fritz und Martin. Obwohl er auch noch eine jüngere Schwester hatte, Magdalene, Jahrgang 1905, war Erich selbst schon ein Spätling. Bei seiner Geburt war Bertha Schreyer schon 37 Jahre alt, damals ein sehr fortgeschrittenes Alter für eine Schwangerschaft. Wie bei vielen Mittelkindern dürfte man sich vorstellen, dass Erich eher zurückhaltend und gedankenvoll war, fürsorglich und prinzipientreu. Als jüngster Sohn einer älteren Mutter wird er auch den dafür typischen Sinn entwickelt haben, von der Welt angenommen und seinen Mitmenschen wichtig zu sein, wenn auch nicht immer im Mittelpunkt der Dinge. Und eben auch, für seine Mitmenschen Wichtiges tun zu wollen.

Erich ging in Breslau auf die Schule. Über seine frühe Schulzeit wissen wir nichts, aber einige Details aus *Kopf hoch, Junge* können wir durchaus als realistische Beschreibungen von Erichs Schuljungenzeit betrachten. Bei der deutschen Großstadt, in der Hermann Jansen aufwächst, dürfte es sich um Breslau handeln, und die Straßen und Plätze, über die er mit seinen Freunden schlendert, sind jene aus Erichs Kindheit. Gleichermaßen authentisch klingen die tief empfundene Loyalität zwischen den Schulfreunden, ihre Streiche und ihre kleinen Großzügigkeiten, und

iv

auch der altkluge, melancholische Moment, als sie sich zum letzten Mal sehen, ohne es wahrhaben zu wollen. Das Herumkaspern in den Warteschlangen für die kriegsrationierten Lebensmittel und die nervösen Momente während der Suche nach einer ersten Anstellung sind ebenfalls so realistisch gezeichnet, dass sie der Eigenerfahrung entsprungen sein könnten.

Ebenfalls echt dürften die Einstellungen gegenüber der politischen Situation um den ersten Weltkrieg sein, die Erichs Erzähler in die Geschichte Hermann Jansens kommentierend einwirft. Die mögen heute nationalistischer klingen, als es im 21. Jahrhundert höflich ist, doch sie entsprechen völlig den durchschnittlichen bildungsbürgerlichen Ansichten der ersten dreißig Jahre des 20. Jahrhunderts, und finden sich sehr ähnlich auch bei Thomas Mann und vielen anderen progressiven Intellektuellen dieser Zeit. Wir, die wir hundert Jahre später als überzeugte Europäer diese landesbeschränkte Lesart nicht mehr teilen, sollten uns daran erinnern, dass auch wir von unserer Zeit geprägt sind. Erich dachte damals über die Politik seiner Zeit, was beinahe jeder Deutsche seines Alters, seiner Herkunft, und seines Bildungsstands ebenfalls dachte. Das gleiche gilt sicher auch für uns.

Neben den Hauptfiguren entspringen sicher einige der Nebencharaktere in *Kopf hoch, Junge* Erichs eigener Jugendwelt. Zum einen ist da der grob-gütige Schuldiener. Solch ein Pedell kommt zwar in fast jedem Schulroman vor, aber doch klingt in den Details über Papa Schmidt viel Realistisches mit, und gerade die stolze Sentimentalität, die in der Szene mit dem Dankes-Ständchen hervortritt, hat etwas von einer echten Kindheitserinnerung. Auch einige der Schulfreunde dürften wohl an Erichs eigene Kameraden angelehnt sein. Besonders fein gezeichnet sind zum Beispiel die „Eule," der krähende Georg Schumacher, und auch der schmale, hungernde Richard Schulz.

Um Erichs Werdegang besser zu verstehen, dürfte sich eine genauere Betrachtung der Figur des Schulrektors Koch lohnen. Wie den streng-gütigen Schuldiener kennt man auch seinesgleichen aus beinahe jedem anderen Schuljungenroman, angefangen mit Thomas Arnold, dem Rektor der Rugby School aus dem einflussreichsten Schulroman der Literaturgeschichte, Thomas Hughes Tom Brown's Schuljahre von 1857. Im Deutschen hat die Figur beispielsweise ihr Pendant in Charakteren wie Dr. Johann „Justus" Bökh aus Erich Kästners *Das fliegende Klassenzimmer*. Selbst im 21. Jahrhundert gibt es den Figurentyp des väterlichen Rektors noch, in Figuren wie Albus Dumbledore in den *Harry Potter*-Büchern. Solche Rektoren werden von ihren Schülern stets fraglos respektiert und beinahe angebetet, sie sind ausgesprochen intelligent, moralisch einwandfrei, einfühlsam, und zwar autoritär, aber eher augenzwinkernd, und weit mehr auf Charakterbildung bedacht als auf Regeln oder Disziplin.

Rektor Koch in *Kopf hoch, Junge* passt recht genau in dieses Figurenschema. Durchaus kann es also sein, dass Rektor Koch insgesamt eher an den Charaktertypen angepasst ist, als an ein lebensechtes Vorbild. Trotzdem scheinen einige Details zu liebevoll und genau gezeichnet, um nicht wenigstens teilweise einem vermutlich leibhaftigen Rektor entsprochen zu haben. Dazu gehört die Großzügigkeit gegenüber dem hungernden Richard Schulz, dem der Rektor Koch sein Mittagsbrot überlässt. Und dazu gehören auch die Geschichten von Rektor Kochs gefallenem Sohn Martin. Letztere klingen zu alltäglich und zu unscheinbar, um als heroisierende Kriegsmär erfunden worden zu sein. Zudem spielen sie an der eher obskuren Nebenfront in den zentraleuropäischen Karpaten, statt wie in der deutschen Literatur über den Ersten Weltkrieg üblich schematisch-tapfer im Stellungskrieg an der französischen Westfront. Letzteres wird uns in *Kopf hoch, Junge* zum Beispiel beim eindeutig erfundenen Vater Jansen vorgeführt.

Es ist aber besonders die tiefe Frömmigkeit, die Rektor Koch an den Tag legt, die ihn zu einem Kandidaten dafür macht, einem lebendigen Vorbild nachempfunden worden zu sein. Eines der großen Rätsel, die uns Erichs Lebenslauf aufgibt, ist nämlich seine spätere Entscheidung, eine lukrative kaufmännische Laufbahn gegen eine Anstellung als kirchlicher Jugenderzieher einzutauschen. So etwas geschieht in der Regel durch eine Orientierung an besonders bewunderten Vorbildern. Als Sohn eines nicht besonders frommen Elternhauses muss sich der junge Erich also nach einer Autoritätsperson außerhalb des Elternhauses gerichtet haben. Ein heiß geliebter Schulrektor mit einem großen Herz und einem verlorenen, heroischen Sohn, der trotz aller Trauer und Enttäuschung seine Güte und Zuversicht durch seinen christlichen Glauben behauptet und diese Frömmigkeit an seine bewundernden Schüler weitergibt – das klingt nach einem so eindrucksvollen Vorbild, wie Erich es wohl gefunden haben mag. Es bleibt natürlich Spekulation, aber stimmig wäre es.

Am Rand sollten wir bemerken, dass es für diese Episode noch eine alternative, plausible, aber weniger schlüssige Auslegung gibt. Einer von Erichs Brüdern hieß Martin, und dieser dürfte altersgemäß im Ersten Weltkrieg Soldat gewesen sein. Wo er stationiert war, ist unklar, und auch gefallen ist er offenbar nicht. Zudem war der Vater von Erichs Frau Lottchen Rothmann, Karl Otto Dagobert Rothmann, ein frommer Schulrektor an einer Mittelschule, wie sie auch Hermann Jansen besuchte. Etwas von diesen beiden Personen kann hier natürlich eingeflossen sein, aber die schriftstellerische Paarung von Schwiegervater und Bruder scheint mir persönlich eher konterintuitiv.

Natürlich sollte man sich sowieso grundsätzlich davor hüten, jedes Detail und jede Figur in *Kopf hoch, Junge* auf Erichs Jugendverlauf zu übertragen. Zwar war Erich während des Ersten Weltkriegs von 1914 bis

1919 etwa im selben Alter wie die Hauptfigur, Hermann Jansen. Im Gegensatz zu Hermann Jansens Vater, der als Soldat an der Westfront kämpft und schließlich fällt, war Erichs Vater Hermann Schreyer aber schon zu alt, um zum Dienst an der Waffe eingezogen worden zu sein. Diese Gefahr bestand eher für Erichs Brüder Fritz und Martin, die beide zwar gemustert wurden, aber unseres Wissenstands nicht fielen, und gegen Ende des Kriegs 1919 für den bald achtzehnjährigen Erich selbst. Jene Details in *Kopf hoch, Junge*, die sich um den Kriegsdienst des Vaters ranken, muss Erich sich aus den Erfahrungen seiner Freunde oder aus der später ja recht weit verbreiteten Jugendliteratur zum Ersten Weltkrieg zusammengesetzt haben. Auch das bei den Schreyers nicht vorhandene tieffromme Familienleben und die sehr einfachen Haushaltsumstände, die bei den Jansens vordergründig sind, entsprechen laut der Kindheitserinnerungen von Erichs noch lebenden Kindern Hanna und Hermann, und laut den einhergehenden Familiengeschichten, eher dem Zuhause von Erich und Lottchen Schreyer in den 1930er Jahren.

Gegen Ende des Buches *Kopf hoch, Junge* finden wir noch eine letzte Parallele zwischen Hermann Jansen und Erich Schreyer. Wie seine Buchfigur begann auch Erich eine kaufmännische Lehre, allerdings nicht im Eisenhandel, sondern in der Petrochemie. Eine kaufmännische Anstellung fand Erich bei den Leunawerken in Merseburg bei Halle an der Saale. Dort lernte Erich eine offenbar bildhübsche Schreibkraft kennen, Sophie-Charlotte Rothmann, und verliebte sich in sie.

Die beiden hatten einiges gemeinsam. Lottchen Rothmann war ebenfalls ein von älteren Geschwistern oft überschatteter Spätling: Ihr Vater Karl Otto Dagobert Rothmann, Schulrektor, war bei ihrer Geburt am 12. Juni 1906 in Halle an der Saale schon 42, ihre Mutter Katharina sogar 45 Jahre alt. Lottchens älteste Schwester Margarete war 24-jährig während des Ersten Weltkriegs verhungert, die zweitälteste Schwester Hanna 22-jährig an einer Blinddarmentzündung gestorben. Elisabeth („Tante Liesbeth" im Familienjargon) wurde schließlich Lehrerin in Burg bei Magdeburg und blieb ledig. Katharina („Tante Käthe") führte lange den Haushalt bei ihrem jüngeren Bruder Otto, heiratete letztlich jedoch einen Apotheker in Erfurt. Dorothea („Tante Thea"), Jahrgang 1898, war eine Wanderlehrerin für Handarbeitsunterricht in den Dörfern um Schönefeld südlich von Berlin; sie hatte lange ein Mietzimmer in Selchow, wohnte zeitweise bei den Schreyers in Kreuzberg, wurde nach dem Krieg Katechetin in Berlin, und blieb ebenfalls ledig. Es folgte Otto, Jahrgang 1903, der evangelische Theologie studierte, in Ringleben bei Erfurt Dorfpfarrer wurde, nebenbei am nahegelegenen Internat seiner Nichte Gabriele Latein lehrte, von 1939 bis 1944 Offizier der Wehrmacht war, und nach seiner Rückkehr nach Ringleben schließlich Superintendent der Evangelisch-Lutherischen Kirche in Thüringen für die Erfurter Gegend wurde.

Als Kind wurde das Lottchen von ihrer Schwester Liesbeth als sehr sensibel („das Lottchen hat ständig nur geflennt") und von ihrem sonst sehr fürsorglichen und liebevollen Bruder Otto als schwierig empfunden („ich fand sie furchtbar"). Allerdings dürfen wir uns vorstellen, dass diese kindlichen Eigenschaften bei ihr als junge Erwachsene in eine nicht unattraktive leicht melancholische Art und ein eher passioniertes und selbstbewusstes Wesen gereift sind, denn schließlich fand der ruhige, ältere Erich an ihr ja durchaus Gefallen und – von den wenigen verbliebenen Fotos zu urteilen – mit ihr auch ein tiefes Glück. Die Kindheitserinnerungen ihrer Tochter Hanna zeichnen ein Bild von einer zwar gelegentlich trübseligen, aber meist lebendigen, gesangsfrohen, viel lachenden, tiefliebenden, passionierten, und durchaus selbstbewussten Frau. Auch war Lottchen ausgesprochen fromm, eine Eigenschaft, die weder jeder in ihrer eigenen, eigentlich recht religiösen Familie, noch in der Familie Schreyer komplett nachvollziehen konnte, oder wollte, die aber ihr Leben und das von Erich zutiefst prägen sollte.

Dazu, wie Erich und Lottchen sich genau verliebten, kennen wir keine Einzelheiten. Als Tischlersohn kann Erich den bildungsbürgerlichen Rothmanns eigentlich nicht als vollkommen angemessener Heiratskandidat vorgekommen sein, was aber seine zukunftsversprechende Anstellung bei den Leunawerken offenbar kompensieren konnte. Es mag sein, dass es sich um eine ja nicht völlig ungewöhnliche Vorzimmerromanze gehandelt hat: Man stellt sich vor, dass der ruhige, höfliche, freundliche Erich für das etwas unruhige, manchmal etwas vorlaute Lottchen beim täglichen Vorbeigehen an der Schreibstube einen Ruhepol im täglichen Bürochaos dargestellt hat, und sie für ihn einen attraktiven, aufregenden Tonwechsel in der Monotonie des kaufmännischen Alltags. Ob sie sich zum Kaffee getroffen haben, ins Kino gingen, oder entlang der Saale oder im Merseburger Schlossgarten spazieren gegangen sind, wo sie sich zuerst geküsst haben, welche Blumen Erich ihr schenkte, was für Geheimnisse sie tauschten, und wie er seinen Heiratsantrag machte, das entzieht sich uns. Der Erfolg der Liebesgeschichte nicht.

Erich heiratete Lottchen 1927, im Alter von 26 Jahren. Ein Jahr darauf, 1928, wurde ihre Tochter Gabriele geboren. Gabis Geburt fand schon in Breslau statt, denn Erich hatte die Anstellung bei den Leunawerken verlassen und war als Jugendsekretär in die Jugendarbeit des CVJM gewechselt, sehr zum Unmut seiner Verwandtschaft, die besonders den dadurch doch sehr deutlichen Einkommensverlust nicht nachvollziehen konnten. Über Erichs Motive für diese Entscheidung wissen wir wenig, außer, dass es ihm offenbar sehr wichtig geworden war, sich seinem christlichen Glaubensleben auch beruflich völlig zu verschreiben.

Es ist nicht mehr genau nachzuvollziehen, wann und wie sich Erich vom Sohn aus einem eher nichtreligiösen Elternhaus zu einem begeisterten

Christen entwickelte. Es kann sein, dass dies teilweise schon in seiner Jugend passierte, durch die Teilnahme am Konfirmandenunterricht, oder durch die damals schon existierenden Jungscharen, oder sogar schon früh beim CVJM. Es kann ebenfalls sein, dass er in Merseburg oder Halle auf einen Pfarrer oder eine Gruppe junger Christen traf, die ihn besonders ansprachen. Zudem ist anzunehmen, dass seine fromme Verlobte auf ihn einen entsprechenden Einfluss ausgeübt haben dürfte.

Auch den Drang zur Jugendarbeit lässt sich erklären. Sicher können wir erwarten, dass Lottchen Rothmann sich in ihrer Ortsgemeinde engagiert hat, und als junge Frau wohl am ehesten in der Kinder- oder Jugendbetreuung. Dass die beiden sich dort auch als Paar einbringen mochten, liegt nahe. Es entspräche jedenfalls einer klassischen Jugendgruppendynamik, wenn das fünf Jahre jüngere Lottchen Erich auch durch die Leitung solcher Gruppen hat besser kennen und schätzen lernen können. Sicherlich wird der hochintelligente, offenbar in diesem Feld aufblühende Erich auf sie einen bewundernswerten Eindruck gemacht haben. Die Paarkombination zwischen dem intelligenten, gütigen Jungscharleiter und der begeisterten, engagierten jungen Frau ist ja durchaus keine Seltenheit. Auch wird das ehrenamtliche Engagement mit Jugendlichen in der Kirche die Rothmann'schen Herren beeindruckt haben, die ja beide pädagogisch beziehungsweise theologisch tätig waren.

Lottchen, Gabi, & Erich Schreyer

Quelle: Erben

Dazu kommt, dass die BASF, der Betreiber der Leunawerke, 1925 zur Zweigstelle der IG Farben wurde. Es ist möglich, dass diese Umstrukturierung für Angestellte die Möglichkeit mit sich brachte, eine Laufbahn an den Werken nochmals zu überdenken.

Diese oder ähnliche Entwicklungen würde jedenfalls helfen, zu erklären, warum Erich sich bald entschied, seine Karriere als kaufmännischer Angestellter aufzugeben, und sich hauptamtlich der kirchlichen Jugendarbeit zu widmen. Oft tragen ein gewisser liebesverklärter Blick und äußere Umstände im Beruf ja durchaus dazu bei, dass man sich traut, seine vielleicht bisher eher tagesträumerischen Überzeugungen in die Tat umzusetzen. Offensichtlich stand Lottchen jedenfalls voll hinter Erichs Entscheidung, als Jugendsekretär zum CVJM zu wechseln.

Die Ehe zwischen Erich und Lottchen scheint eine glückliche gewesen zu sein, und sie überstand auch das wirtschaftliche Risiko, dass mit dieser Entscheidung einherging. Wenn die Liebe zwischen Erich und Lottchen jener ähnelt, die der Vater Jansen und auch der Erzähler in *Kopf hoch, Junge* der Lottchen nachempfundenen jungen Mutter Jansen entgegenbringen, dann war ihre Beziehung respektvoll, verständnisvoll, gütig, und innig – aber eben auch sehr ehrlich, denn die Mutter Jansen wird nicht verklärt, sondern authentisch als besorgt, fragil, und fehlbar dargestellt.

Bei seiner Entscheidung, Mitte der 1920er Jahre eine Stelle beim CJVM anzunehmen, stand Erich übrigens nicht allein, denn der CVJM expandierte stark und suchte sich sehr selbstbewusst eine Großzahl von jungen, engagierten Mitarbeitern. Auch war, trotz der großfamiliären Vorbehalte, die Entscheidung zur Jugendarbeit in einem Verband in den 1920er Jahren gesellschaftlich deutlich anerkannter, als sie es heute vielleicht gewesen wäre. Vom Anfang des 20. Jahrhunderts bis weit in die 1930er Jahr übten Jugendverbunde auf die jungen Menschen Europas und Amerikas eine ungemeine Anziehungskraft aus. Das galt auch im Deutschen Reich, wo die sogenannte Bündische Jugend mit den Wandervögeln ihren Anfang gefunden hatte, denen die aus Großbritannien stammenden Pfadfinder und der ursprünglich amerikanische CVJM (dort: YMCA) bald folgten. Ab den 1920er Jahren gab es Jugendverbunde in jeder deutschen Region und in fast jeder Weltanschauungs- und Interessenschattierung, zu deren größeren auch jene der politischen Parteien der Weimarer Republik gehörten, zum Beispiel die Falken der Sozialdemokraten. Bei diesen Jugendverbänden stand neben einer strukturierten Freizeit mit Gleichgesinnten in der Regel Sport, Unterhaltung, künstlerische und bastlerische Betätigung, ehrenamtliche Arbeit, weltanschauliche Diskussion, Gesang, und Freizeiten auf dem Land, in den Bergen, und an der See auf dem Programm. Unter der Allgemeinbevölkerung galt solche Jugendarbeit als positiv, pluralistisch, verantwortungsbewusst, gesellschaftlich wichtig, pädagogisch richtig, und lebenslang prägend. Gerade in den 1920er Jahren galten Gruppen wie der CVJM als modern, frisch, und spannend.

Als Erich Mitarbeiter des CVJM wurde, stellte sich dieser Mitte der 1920er Jahre gerade neu auf. Die wilhelminische alte Garde war noch sehr amerikanisch geprägt, hatte auf individuelle Selbstverbesserung Wert gelegt, und war auf die Ziele der Sittlichkeitsbewegung ausgelegt. Also darauf, die Bevölkerung von Keuschheit, Bescheidenheit, Nüchternheit, Pazifismus, und Drogenfreiheit als moralische und gesetzliche Grundlage zu überzeugen. Nach dem ersten Weltkrieg stellte die CVJM-Leitung aber fest, dass sich die Jugendlichen mittlerweile eher nach einem verstärkten

Zugehörigkeitsgefühl zu einer Gruppe, nach einer Ausrichtung auf starke, charismatische Führungspersonen, nach Verbindlichkeit und nach Gemeinschaft sehnten. Das Ziel der jüngeren, „Neuen Männer" beim CVJM war die zeitgemäße Neuerfindung der Jungschararbeit und der Jugendfreizeiten. Erich war ein Teil dieses aufregenden, wichtigen Erneuerungsprozesses.

Der Geist der Erneuerung beim CVJM ging Hand in Hand mit Erichs Mitgliedschaft in einer anderen Bewegung, der Bekennenden Kirche. Die führenden Theologen dieser Gruppierung, wie etwa Dietrich Bonhoeffer, Martin Niemöller, und Karl Barth, arbeiteten an einer Grunderneuerung der erlahmten evangelischen Kirche in Deutschland durch eine deutlicher lebens- und missionsbezogene Ausrichtung, beispielsweise durch Stadtmissionen, Kindergottesdienste, karitative Arbeit, weniger Pomp in Gottesdiensten, der Vereinfachung der Kirchenjargons, und die Neubearbeitung des Katechismus aus Sicht der Moderne. Die Ausrichtung dieser Strömung bestand in einem persönlichen, „lebendigen Leben mit Jesus." Aus diesen Prioritäten können wir dann auch auf Erichs und Lottchens Glaubensleben rückschließen.

Der erneuerte CVJM spiegelte diese Neuausrichtung auf ein „lebendiges Leben mit Jesus" ebenfalls wider, und bemühte sich, jungen Menschen solch ein Leben nahezubringen. Dazu sollten seine Mitglieder körperlich aktiv, von „Dienemut" geprägt, und moralisch einwandfrei ihren Alltag gestalten. In wöchentlichen Jungscharen und in Freizeiten sollten Jugendliche die Möglichkeit haben, Freundschaften mit Gleichgesinnten zu knüpfen, einen gesunden Gruppengeist zu erfahren, in ihren Leitern ausgezeichnete Vorbilder zu haben, Auferbauung zu empfinden, und die Werte des CVJM und der mit ihm eng verwobenen Bekennenden Kirche zu verinnerlichen.

Als Jugendsekretär des CVJM war Erich mit der Betreuung von jungen Christen direkt betraut, belehrte sie, ermunterte sie, und begleitete sie in ihrem Erwachsenwerden. Deutsche CVJM-Sekretäre wurden in den 1920er Jahren in Wuppertal, Berlin, Dresden, und Kassel ausgebildet. Für den in Halle wohnenden Erich wäre der nächstliegende Ort Berlin gewesen, wo er später auch seine letzte Stelle hatte; dass Berlin tatsächlich sein Ausbildungsort war, ist aber nur eine Vermutung.

Wie alle anderen CVJM-Sekretäre auch wurde Erich je nach Bedarf alle paar Jahre von einem Ort zum nächsten versetzt. Als seine Tochter Gabriele 1928 geboren wurde, wohnte die Familie in Breslau, als Johanna 1930 folgte, in Lübeck, und bei der Geburt Hermanns 1934 in Bad Schwartau. 1936 war die Familie dann nach Berlin-Kreuzberg umgezogen.

In den Jahren 1936 und 1938 können wir uns ein deutlicheres Bild von Erich machen, durch die Kindheitserinnerungen von Hanna, die uns auch den Rest seiner Lebensgeschichte erzählen kann. Im Sommer 2010 habe ich meine Großmutter mehrfach in ihrer jetzigen Wohnung in der Biesestraße in Berlin-Zehlendorf besucht, um mit ihr über unsere Familiengeschichte zu sprechen.

Bei einem dieser Besuche erzählte Hanna mir, sie freue sich sehr, dass sie einen Balkon habe, der auf die dichten Bäume des Schweizerhofparks blicke. Einer dieser Bäume steht besonders nah an ihrem Balkon. Da sie nicht mehr besonders gut sehen kann, wunderte sie sich eines Tages, als sie auf dem Balkon stand, um welche Baumart es sich handeln könnte. Im gleichen Moment löste sich ein Blatt vom Baum. Der Tag war sonst windstill, aber in exakt diesem Moment trug ein sanfter Windstoß das Blatt zu ihr hinüber. Es landete genau in der Mitte ihres Balkontisches. Als sie das Blatt vom Tisch zwischen ihre Finger nahm, sah Hanna, dass es ein Buchenblatt war.

Diesen Moment nimmt Hanna in unserem Gespräch auf:

Hanna: Ich fang mal kurz an, dass ich etwas von meinem Vater erzähle, weil ich ihn sehr geliebt habe, aber nur kurze Zeit hatte. Ich war also sechs, da wohnten wir in Bad Schwartau. Da hat er mir Bucheckern gezeigt. Deshalb, seitdem liebe ich Buchen und habe jetzt eine vor der Tür und erinnere mich fast täglich unwillkürlich an meinen Vater.

Jonathan: Das ist deine früheste Kindheitserinnerung an Deinen Vater?

Meine Großmutter nickt.

Hanna: Dann war ich mit ihm, auch mit sechs, auf dem Fußballplatz, was mich sehr beeindruckt hat. Und ich hab' mich gefragt, „Warum nimmt der meine Schwester nicht mit?" Mein Bruder war noch zu klein. Aber ich war mit, und fand das schön.

Dann zogen wir nach Berlin, und dann hat er mir erklärt – oder erklären wollen – was eine U-Bahn ist. Ich hab's nicht kapiert, und dann ist er mit mir gefahren. Ich hatte keine Angst, aber keine Vorstellung, woher ein Zug aus dem Dunklen einfach kommt, und dann steigt man ein, und dann war das ganz normal.

Also das sind so die Erinnerungen an meinen Vater – nicht viel, aber er hat manches mit mir gemacht, und ich fand das sehr schön.

Mein Vater kommt aus einer ungläubigen Familie, und der hat vorher in den Leunawerken gearbeitet, als kaufmännischer Angestellter. Und hat sich dann zum CVJM gemeldet und hat große Probleme mit seinem Elternhaus gekriegt. Also nicht nur, dass er zum Glauben gekommen ist, sondern, dass er dadurch viel weniger verdient hat. Und das konnte keiner verstehen. Aber ich hab' das Gefühl gehabt, dass mein Vater den Glauben sehr ernst nimmt. Und meine Mutter, die kommt aus, ja, aus einem christlichen Haus. Und wie ich das beurteilen kann, war sie gläubig. So lange ich sie kenne, war sie immer in der Stadtmission, und hat uns angehalten, hat mit uns gebetet. Also ich würde sagen, meine Eltern waren gläubig, nicht?

Mein Vater war Jugendsekretär bei einem CVJM und wurde öfter von einem Ort in den anderen versetzt. Dadurch sind wir nach Berlin gekommen. Und in Berlin wurde er schon ziemlich schnell krank. Ich habe deshalb in Berlin kaum Erinnerungen an ihn. Da er Tuberkulose hatte, unter anderem, durften wir nicht mit ihm zusammen sein. Ich habe das sehr bedauert und habe immer gefragt, warum das nicht geht, warum wir nicht zu ihm dürfen. Er lag oft zuhause.

Dann starb er, und zwar am 24. Oktober [1938]. Das ist für mich ja ein besonderer Tag.

Hanna wurde 1979 am 24. Oktober mit der Geburt meiner älteren Schwester Tabea Johanna Reinhardt zum ersten Mal Großmutter.

Hanna: Ich war so entsetzt und eigentlich wütend, ich wusste nicht auf wen, aber ich konnte es nicht fassen, dass ich keinen Vater mehr hatte.

Als mein Vater starb, da hat der Lehrer – wir hatten einen Klassenlehrer – da hat der gesagt, sie möchten doch mal alle auf mich Rücksicht nehmen, oder liebevoll sein, ich hätte meinen Vater verloren. Und da haben sie mich alle so ganz traurig angeguckt. Ich war 2. Klasse oder 3. Klasse, das weiß ich nicht mehr.

Und das hat sich ja dann auch erübrigt. Dann kam bald der Krieg, und dann wurden viele Männer eingezogen, und viele Kinder hatten keinen Vater mehr, dann war das nicht mehr so dramatisch. Aber ich hab' meinen Vater sehr vermisst.

Jonathan: War er nicht vorher nochmal mit Dir einkaufen?

Hanna: Ja, er ist mit mir zu Karstadt gegangen, kurz vor meinem Geburtstag und hat gesagt, ich möchte mir doch einen Puppenwagen aussuchen, für ein Kind, was so alt ist wie ich, was dem wohl auch gefallen würde. Und da hab' ich mir einen ausgesucht, der wurde dann so mit Pappe verpackt, aber ich konnte ihn schieben. Ich bin nicht auf den Gedanken gekommen, dass der für mich war, und war nachher fassungslos, als der auf meinem Geburtstagstisch stand. Aber das war eben offenbar meinem Vater so ein bisschen... der hatte so was... naja. Eigentlich ist das ja Betrug, aber...

Jonathan (lacht)

Hanna (lachend): Es war eine schöne Überraschung. Ja.

Auch über Erichs Eltern lernen wir durch diese Umstände etwas mehr:

Hanna: Die Mutter meines Vaters. Die ist zwei oder dreimal nach Berlin gekommen. Wenn unsere Mutter krank war, und dann war sie bei uns. Und da wir nur ein Zimmer hatten zum schlafen, da hat sie bei uns eben in dem Schlafzimmer... wir hatten nur ein Schlafzimmer und ein Wohnzimmer, und dann hat sie da geschlafen. Sie stand immer um fünf auf, und hatte so ne Unterwäsche, die... wo ich sie eben immer ausgelacht habe, so ne Spitzenhöschen, so lange, wie das eben war. Sie war also für mein Empfinden ne Seele von Mensch. Ich hab' sie sehr geliebt. Und sie wollte dann mit mir, und mit Hermann auch, weiß ich nicht, zum Grab meines Vaters gehen, haben wir auch gemacht, also fahren mussten wir, und da hat sie ein kleines Sträußchen Tausendschönchen mitgenommen. Zu mehr hat's nicht gereicht. Also praktisch Gänseblümchen. Und die hat sie da so auf's Grab gelegt, und das hat mich so sehr, ja irgendwie, beeindruckt. Ich hab' gedacht, so ne Mutter verliert ihren Sohn, und dann hat sie so'n paar Tausendschönchen. Ja, sie war irgendwie sehr gütig und lieb. Aber oft habe ich sie eben auch nicht gesehen.

Jonathan: Ja.

Hanna: Sie wohnte in Breslau und wir in Berlin. Konnte man einfach nicht so.

Jonathan: Und wann ist die gestorben?

Hanna: Die ist gestorben, 1949. Die hat also auch noch den Tod meiner Mutter erlebt. Aber die sind eben geflüchtet nach Ellwangen, also im Württembergischen. Dahin ist sie mit ihrer Tochter geflüchtet. Und da ist sie dann auch gestorben.

Jonathan: Und das war die einzige, der einzige Großelternteil, den du kanntest?

Hanna: Ja. Und eben dieser Großvater, der hieß auch Hermann, der diese Möbel gemacht hat, den hab' ich aber nie kennengelert, nicht? Der ist... weiß nicht, wann der gestorben ist. Der hatte auch das Schlafzimmer für meine Eltern gemacht. Weiß. Schleiflack, oder wie. Aber von dem weiß ich nichts weiter.

Die Möbel, die meine Großmutter hier erwähnt, sind Puppenmöbel. Ihr Großvater Hermann hatte sie für seine Enkelinnen gebastelt. Hanna erwähnte später, aus ihrer Kindheitserinnerung an die Zerstörung der Kreuzberger Wohnung durch Bombeneinschlag stach dieser Verlust in ihrem kindlichen Herzen besonders hervor.

Die Tragik von Erichs frühem Tod verstärkt sich dadurch, dass seine Arbeit im CVJM und seine Mitgliedschaft in der Bekennenden Kirche ihn ab Mitte der 1930er Jahre um jegliche berufliche Perspektive brachte, und dass sein Tod quasi einem Berufsverbot nur wenige Monate vorausgegangen sein dürfte. Seit der Machtergreifung der Nationalsozialisten 1933 waren der CVJM und die Bekennende Kirche zunehmend Repressalien seitens des Regimes ausgesetzt. Der Nazi-Reichsjugendführer Baldur von Schirach hatte im Sommer 1933 erklärt, dass „die Erledigung der bündischen Jugend" und „die Zertrümmerung der konfessionellen Jugendverbände" ein Ziel für die Hitlerjugend sei. Er leitete die Zwangsaufnahme aller jugendlicher CVJM-Mitglieder in die Hitlerjugend ein. 1935 verbat Heinrich Himmler per Dekret jegliche konfessionelle Jugendarbeit. CVJM-Sekretäre umgingen diese Verbote zunächst vielerorts und wurden von Pfarrern der Bekennenden Kirche darin unterstützt. Die Jugendarbeit wurde in Gemeindejugendkreisen mit informeller Mitgliedschaft fortgesetzt. Dass die Atmosphäre bedrohlich war, klingt auch in Hannas Erinnerungen deutlich mit.

Hanna: Das war also insofern scheußlich, wir hatten zu ebener Erde einen großen Saal und mehrmals kamen eben SA-Leute rein, und haben mit Sammelbüchsen oder einfach auch so Krach gemacht. Und da war ich eben erstaunt, wie diszipliniert eigentlich wir alle... ich meine, ich war Kind, aber ich weiß es, wie wir alle waren. Keiner hat sich irgendwie aufgelehnt. Und irgendwie fanden die das dann langweilig und gingen wieder raus.

Jonathan: Wieso waren die da? Wieso haben die gestört?

Hanna: Naja, nur weil sie gegen alles waren, das mit Gottesdienst zusammenhängt. Die wollten ja nicht, dass irgend jemand an Gott glaubt, nicht? Und dann hatten wir eben auch Juden in der Gemeinde, und das hat mich eben sehr beeindruckt, als die eines Tages, also fünf oder so waren's, mit so einem Judenstern. Dann hab' ich versucht, meine Mutter zu fragen... also, was heißt versucht... ich habe meine Mutter gefragt, warum die das haben, da sagt sie, „Ja, das ist jetzt so, dass alle Juden so was haben müssen, damit die Leute wissen, das sind Juden." Aber mehr hab' ich von der Zeit von den Juden nicht mitgekriegt. Bei uns waren keine Geschäfte in der Nähe, am Kottbusser Damm, die zerstört wurden. Wir hatten kein Radio. Fernsehen gab's nicht. Zeitung haben wir nicht gelesen. Das hab' ich eigentlich erst hinterher alles so mitgekriegt, wie schrecklich das war, für die Juden.

Ich war also, das nannte sich Jungmädchen, also BDM [Bund Deutscher Mädel]. Das war erst, wenn man 14 war. So eine politische Sache. Und da weiß ich, dass die Heimabende auf Sonntagvormittag gelegt wurden, oder sollten. Und da hat meine Mutter gesagt, „Sag den bitte den Tag vorher Bescheid: Du kommst nicht. Du gehst sonntags zum Kindergottesdienst." Also, meine Mutter war — [sie nickt respektvoll]

Dann hab' ich gesagt: „Ich komm morgen nicht. Erstens ist vormittags kein Abend" – das hab' ich natürlich noch sagen müssen – „und meine Mutter hat gesagt, ich geh da nicht hin, ich geh zum Kindergottesdienst." Ist nichts weiter gekommen. Aber meine Mutter hat sich eben auch gewehrt, nicht? Die wollte nicht, dass wir... das war alles gar nicht so schlimm, wir haben viele schöne Lieder gelernt und die Gemeinschaft war ganz schön. Aber es war eben immer gegen alles, was mit Gott zusammenhängt.

In diesen schwierigen Jahren war es also, dass Erich das Buch *Kopf hoch, Junge* verfasste. Ob er die Idee dazu völlig selber entwickelte, oder ob der CVJM seine Sekretäre unter diesen Widrigkeiten dazu anregte, kreative Methoden zu entwickeln, um junge Menschen mit ihrer Botschaft sozusagen am NS-Regime vorbei zu erreichen, ist nicht zu klären. Deutlich ist, dass Erich sich klar Gedanken darüber machte, wie er seine Geschichte über Hermann Jansen, die eigentlich über die Gegenwart handelte, als eine Art Erinnerung an eine vergleichbar kriegerische und hoffnungslose Zeit tarnen konnte, um sich eben gerade konform genug verhalten zu haben, dass das Buch trotz seiner stark christlich-evangelikalen Betonung nicht verboten würde. Jedenfalls werden ihm seine Kontakte beim CVJM und in der Bekennenden Kirche geholfen haben, eine Publikation beim methodistischen Anker-Verlag in Bremen 1937 zu erreichen. Dass dieser bei der Vermarktung ebenfalls auf ein an der Gegenwart interessiertes – und von ihr auch von Kriegsgetöne verunsichertes – Lesepublikum zielte, lässt sich an der von einem unbekannten Zeichner erstellten Buchdeckel-Illustration ablesen. Während es zwar im Ersten Weltkrieg schon den Stahlhelm gab, gilt doch in der Ikonographie in der Regel der Helm mit Pickelhaube für deutsche Soldaten aus diesem Krieg als Erkennungsmerkmal. Den auch von der Wehrmacht benutzten Stahlhelm zu wählen, zeigt, dass auch der Verlag sich des inhaltlichen Spagats zwischen Vergangenheit und Gegenwart bewusst war. Es ging darum, die Probleme und Ängste der Gegenwart mit anzusprechen.

Die Vorstellung, dass *Kopf hoch, Junge* beim jungen, kirchenaffinen Lesepublikum einen Nerv treffen könnte, ist nicht weit hergeholt. Im Jahr 1937 herrschte im Deutschen Reich ein aggressiver Ton, Aufrüstung, und Vorkriegsatmosphäre, und Erinnerungen an den Ersten Weltkrieg waren gerade als Literaturthemen populär, besonders wenn es um Durchhaltevermögen und Tapferkeit unter Entbehrungen ging. Den Wert, den Erich seitens seines Erzählers auf Durchschnittsnationalismus legt, darf ebenfalls eine taktische Entscheidung gewesen sein, um den zunehmend nationalen Ton der breiteren Gesellschaft treffen zu können und bei der Gestapo nicht falsch anzuklingen, sich andererseits aber von jedem nationalsozialistischen Gedankengut fernzuhalten und so die Tür für Erichs eigene, christliche Lehre zu öffnen. So gibt es in *Kopf hoch, Junge* dann auch nur eine einzige wichtige Ideologie: die des frommen, evangelischen Lebens als Christ. Wie schon bei Hannas Kinderwagen ist das Buch und sein Thema also als eine Art „Betrug" zu verstehen, in dem es angeblich für eine Gruppe geschrieben zu sein scheint (die eher nationalistischen Durchschnittsjugendlichen), sich aber in Wahrheit als Auferbauungsliteratur für eine andere entpuppt (also für am Christentum Interessierte).

Wo Erich Schreyer hierbei ideologisch stand, lässt sich von dem Verlag ablesen, in dem *Kopf hoch, Junge* herausgegeben wurde. Der Anker-Verlag in Bremen war ein methodistischer Verlag, also freikirchlich-reformiert veranlagt. Zwischen 1935 und 1941 war die Anzahl dessen Neuerscheinungen stark eingeschränkt. Der Verlag konzentrierte sich zudem auf Neuauflagen von bestehenden Nachschlagewerken und Gesangsbüchern, auf sehr spezialisierte Fragen der methodistischen Kirchengeschichte, auf Materialien für den Kindergottesdienst, und eben auf auferbauende Kinderliteratur, mit Titeln wie *Der Insel-Pfarrer*; *Hellmut reitet durch die grüne Hölle*; *Marx, der Held von Herrenberg*; *Rapp und Schimmel und andere Erzählungen*, und *Die Gespensterburg*. Zwischen 1941 und 1945, als auch dem CVJM die sowieso schon stark eingeschränkte Herausgabe seiner Zeitschriften „Die Junge Schar," „Der Junge Bekenner," „Der neue Tag," „Der Ruf," „Pflugschar," und „Aufwärts" völlig verboten wurde, scheint der Anker-Verlag ebenfalls kaum etwas Neues herausgegeben zu haben.

Erichs tragisch früher Tod kam möglicherweise dem Ende seiner Jugendarbeit nur um wenige Monate zuvor. In Berlin wurden CVJM-Veranstaltungen schon seit 1935 von SA und Gestapo häufig unterbrochen oder ganz untersagt, und christliche Liedtexte oder Plakate mit Bibelzitaten als anstößige „Provokation" eingestuft. 1938 wurden schließlich auch Versammlungen des CVJM von der Gestapo untersagt. 1941 wurde der CVJM in Berlin dann vollständig verboten, und all sein Inventar von der Gestapo beschlagnahmt. Die meist großstädtischen CVJM-Gebäude vernichteten Bombardierung und Kriegsgeschehen zudem zu 80%.

Lottchen Schreyer wohnte nach Erichs Tod mit einer Witwenrente weiter in der Kreuzberger Wohnung in Berlin, zusammen mit ihren Kindern Gabi, Hanna, und Hermann und zeitweise ihrer Schwester, Tante Thea. Gabi besuchte ab 1938 ein Internat in der Nähe von Erfurt. Hanna wurde von 1943 bis 1944 nach Ostpreußen kinderlandverschickt. Nachdem im Februar 1944 die Kreuzberger Wohnung von einer wahrscheinlich britischen Bombe vollständig zerstört worden war, siedelte Lottchen mit ihren Kindern vollends zu ihrem Bruder Otto nach Ringleben bei Erfurt um und wohnte dort im Pfarrhaus. Vermutlich durch die Tuberkulose ihres Mannes angesteckt, wurde Lottchen mehrfach in Krankenhäuser und ins Sanatorium eingeliefert. Am 14. März 1947 verstarb Lottchen 40-jährig in Benneckenstein im Harz, wo sie sich zur Behandlung aufhielt.

Gabi, die sich ab 1945 verstärkt um ihre Mutter gekümmert hatte, steckte sich ebenfalls mit Tuberkulose an. Sie war danach fast ein Jahrzehnt lang in Behandlung. 1956 heiratete sie schließlich den Kriegsrentner Horst Ranze und lebte in West-Berlin, am Ende in Lichtenrade. Die beiden blieben kinderlos. Horst verstarb 1980, Gabi folgte ihm 1987.

Hanna, die in Erfurt eine Ausbildung zur Schneiderin angefangen hatte, zog 1947 nach Berlin zu ihrer Tante Thea. Dort setzte sie diese Ausbildung fort. Durch die Stadtmission lernte sie den Landvermessingenieur und zwischenzeitlichen Katecheten Fritz Karl Reinhardt kennen und heiratete ihn 1953. Die beiden wohnten in West-Berlin, in Britz und in Steglitz. Aus der Ehe gingen drei Söhne hervor, Andreas (1954), Martin (1956), und Christian (1957), sowie eine Tochter, Dorothea (1965). 1989 verstarb Fritz. 1995 heiratete Hanna ein zweites Mal, den Ingenieur Karl Heinz Haas. Er verstarb 2012. Heute wohnt Hanna in Zehlendorf.

Hermann blieb bei seinem Onkel Otto. Er machte in Erfurt Abitur, studierte in Jena und promovierte schließlich auch. Hermann wurde Archivar in Potsdam und lernte dort seine Frau Fides Schulze kennen, die ebenfalls im Archiv arbeitete. Aus ihrer 1962 geschlossenen Ehe gingen die beiden Söhne Matthias (1963) und Reinhard (1965) hervor. Hermann publizierte über das Archivwesen und übernahm eine Reihe von

Führungspositionen im Archiv Potsdam und zuletzt beim Bundesarchiv in Berlin-Lichterfelde. Hermann und Fides wohnen heute in Potsdam.

Das Schicksal von *Kopf hoch, Junge* war lange ungewiss. Die Auflage dürfte von Anfang an klein gewesen sein, und wie viele Exemplare tatsächlich verkauft oder verschenkt wurden, ist unklar. Eventuell beim CVJM lagernde Bestände dürften durch die Gestapo und Bombardements zerstört worden sein. Der Anker-Verlag zog nach dem Krieg nach München und Frankfurt am Main um. Falls die Lagerbestände in Bremen die Nazis und den Krieg überlebt haben sollten, dürften sie spätestens zu diesem Zeitpunkt nicht als Bestandspriorität gegolten haben, auch, weil schließlich der Vermarktungs-Anlass aus der Vorkriegszeit nicht mehr gegeben war.

Vernichtend erging es den verbleibenden Exemplaren in den Ostgebieten, wo sie die Vertreibungen wohl kaum überdauert haben können, und in der sowjetisch besetzten Zone bzw. später in der DDR. Dort wurde *Kopf hoch, Junge* 1953 vom Ministerium für Volksbildung auf eine Zensurliste gesetzt, die sogenannte „Liste der auszusondernden Literatur." Ob die Zensoren das Buch tatsächlich gelesen haben und wegen seines christlichen oder politischen Charakters aus sowjetsozialistischer Sicht für inakzeptabel hielten, oder ob sie vom Buchdeckel ohne das Buch zu lesen fälschlicherweise schlicht auf Kriegspropaganda schlossen, sei dahingestellt. Jedenfalls wurden Bücher auf dieser Liste bis auf ein einzelnes Archivexemplar eingestampft.

In der Tat sind mir auch nach intensiver Nachforschung heute nur noch zwei verbleibende Bücherei-Exemplare der Originalauflage von *Kopf hoch, Junge* bekannt. Eines liegt in der Deutschen Nationalbibliothek in Leipzig, als Teil der „Weltkriegssammlung: Erster Weltkrieg," wo es als „erzählende und belehrende Literatur" eingestuft ist. Das zweite befindet sich am Standort Bibliothek Waldweg der Niedersächsischen Staats- und Universitätsbibliothek Göttingen, in der Abteilung Bibliothek für Kinder- und Jugendliteratur, Georg-August-Universität, als Teil der dort 2008 eingegliederten Sammlung Seifert, eine der bedeutendsten Sammlungen der moderneren deutschen Kinderliteratur überhaupt.

Wie viele Exemplare von *Kopf hoch, Junge* es noch in Privatbesitz gibt, lässt sich nicht feststellen. Es dürften äußerst wenige sein.

Dieser hier vorliegende Text stellt sich aus zwei verschiedenen Exemplaren zusammen. Hermann Schreyer lieh sich vor vielen Jahren das Exemplar aus dem Archiv in Leipzig aus und ließ von ihr eine mit der Schreibmaschine abgetippte Kopie anfertigen. Auf dieser Kopie basiert der Haupttext dieses vorliegenden Buches. Hermanns Sohn Reinhard schaffte es einige Jahre später, ein rares Original zu erwerben, das er seinem Vater schenkte. Von diesem Original stammen die Abbildungen auf dem Buchdeckel und von den ersten Seiten des Frakturtextes.

Was uns nach der Lektüre von *Kopf hoch, Junge* bleibt, wird für jeden von uns verschieden sein, und das ist auch gut so. Was uns der Text aber vor Augen führen muss, ist schließlich eines: Hier schrieb ein Mann, der klug, gütig, und intelligent war. Einer, der nach seinen Überzeugungen lebte, egal wie schwierig, unpopulär, oder gar gefährlich es gewesen sein mag. Und es schrieb einer, der seine Familie liebte und sich für sie das Beste wünschte, das er sich vorstellen konnte. Wer sieht, was für liebevolle, kraftvolle, gedankenreiche, prinzipientreue, und vorbildliche Menschen seine Kinder dann auch geworden sind, weiß, wie stolz Erich auf sie wäre, und was für eine Freude er an ihnen gehabt hätte.

Der Einsegnungsspruch aus dem biblischen Buch des Propheten Jesaja, Kapitel 40, Vers 31, den Erich seiner Hauptfigur Hermann Jansen zugedacht hat, drückt dann auch aus, wie Erich für uns ein Beispiel sein kann. Erich weigerte sich, dem „Flügelschlag des rauen Krieges" klein beizugeben, ob im großen, gesellschaftlichen, oder in den vielen alltäglichen Kämpfen, die sich im familiären, persönlichen, oder gesundheitlichen abspielten – nämlich den Kampf, der beste Mensch zu sein, zu dem er fähig war. Den Mut und die Kraft dazu fand er in dem, das seinem Leben Sinn und Halt gab: „Die auf den Herrn harren, kriegen neue Kraft, dass sie auffahren mit Flügeln wie Adler."

Wir leben nicht in der Welt der Vorfahren, persönlich kannten wir Erich nicht, und sein Leben mit seinen Höhen, Tiefen, Perspektiven, und Chancen scheint uns weit entfernt. Aber sein Leben ehren, das können wir trotzdem, und wir sollten es auch. Indem wir, jeder auf unsere Art, unsere Flügel finden. Indem wir, jeder auf unsere Art, uns den Abgründen unseres Lebens stellen. Und indem wir abspringen. Und auffahren, wie er. Denn was Erich uns aufzeigt ist dies: Egal wie schwer das Leben werden mag, fliegen können wir.

Jonathan G. Reinhardt
Ithaca, New York, USA
Dezember 2015

Kopf hoch, Junge!
Eine Erzählung aus dem Weltkrieg

von Erich Schreyer

Kapitel 1: Eine jämmerliche Stunde

In der gleichen Minute, da in der kleinen, dunklen Stube der Wecker rasselte, sprang Hermann Jansen, ein vierzehnjähriger Junge, aus seinem Bett, schraubte den glimmenden Docht der kleinen Nachtlampe so hoch, dass eine rotblaue Flamme aufglühte und rieb sich gähnend die Augen.

„Sechs Uhr dreißig", sagte er schlaftrunken. Dabei lachte er vergnügt vor sich hin, als hätte er einen nicht leichten Kampf siegreich beendet.

Rasch fuhr der Junge in seine ärmlichen Kleider und wusch sich gründlich und prustend wie ein zünftiger Seebär. Danach trat er ans Fenster, das seit Wochen jeden Morgen von unten bis oben mit Eisblumen bedeckt war. Wenn er den warmen Hauch seines Mundes gegen die Scheiben puffte, konnte er trotz der Dunkelheit die Schneeberge sehen, die sich auf der Straße türmten.

Nein, wie das fror! Solche anhaltende Kälte hatte Hermann noch nicht erlebt. Selbst die Mutter, die Nachbarin und auch der Lehrer erzählten, dass sie schon viele Jahre in ihren Gedanken zurückgehen müssten, um sich an einen ähnlichen strengen Frost zu erinnern.

Es war im Winter 1916/1917. Ein eisiger Wind lief seit Monaten durch die Straßen deutscher Städte und Dörfer, rüttelte mit gewaltiger Kraft an Fenster und Türen und erschreckte frierende Menschen, auf denen nun schon seit zweieinhalb Jahren die Last des Krieges lag. Schier ohne Ende tanzten die Schneeflocken vom tief herabhängenden Himmel zur Erde, wurden vom Wind gepackt und toll durcheinander getrieben. Auf den

Bürgersteigen am Rande des Fahrweges stauten sich Schneehaufen von beträchtlicher Höhe, und der Fluss, an dessen Ufer die Stadt lag, war seit Wochen zugefroren.

„Junge, wie das friert!" sagte Hermann Jansen. „Und geschneit hat es auch wieder", setzte er hinzu. „Also dann an die Arbeit!"

Er schaute noch einmal zu seinen Geschwistern hinüber. Die schliefen fest unter der warmen Decke, der zwölfjährige Peter, die siebenjährige Grete und die fünfjährige Barbara, die sich eben ein wenig im Schlaf bewegte und träumend in die Kissen lachte.

Hermann schraubte die Nachtlampe so weit herunter, dass die Flamme zu einem kleinen weißen Pünktchen wurde und verließ die Wohnung. Es war noch still im Haus. Nur hier und da bewegte es sich hinter den Türen.

Wenn Hermann zu solch früher Stunde die Treppen hinabstieg, überkam ihn immer ein Stolz, der erste zu sein, der da über die dunklen Stiegen in die Tiefe ging. Doch dann fiel ihm stets ein, dass seine Mutter schon eine Stunde vor ihm den gleichen Weg gegangen war. Bei diesem Gedanken wurde sein Stolz noch größer.

Ja, seine Mutter! Wer war denn mir ihr zu vergleichen? Etwa die Frau Buchhalter Klimke, an deren Tür im zweiten Stockwerk er sich eben vorbeidrehte? Oder die Frau Postinspektor Schmidt im ersten Stock? Oder etwa die Kaufmannsfrau Wiese, die im Erdgeschoß wohnte und den schönen Laden besaß, in dem so feine Dinge zu kaufen waren?

Jeden Morgen stellte sich Hermann die gleiche Frage, und immer, wenn er an der Haustür angelangt war, wusste er, dass einfach niemand mit seiner Mutter zu vergleichen sei.

Aber wenn diese Gewissheit über ihn kam, war auch das Würgen in der Kehle spürbar, das ihm sein stolzes Glück vernichten wollte. Eine hässliche Erinnerung legte sich in diesen Augenblicken wie eine Schlinge um seinen Hals. Sie zog sich immer fester zusammen und ließ ihn erst wieder freier atmen, wenn ihm auf der Straße die kalte Winterluft um die Ohren wehte.

Vor einigen Wochen, in den ersten Dezembertagen, war es. Hermanns Mutter hatte die Säuberung der Räume eines Bankgeschäftes übernommen, um ihr geringes Einkommen durch den kleinen Verdienst ein wenig zu erhöhen. Sehr früh schon, um sechs Uhr morgens, musste sie diese Arbeit beginnen, da um acht Uhr die Angestellten des Geschäftes zum Dienst erschienen. Außerdem hatte die Mutter noch das Amt einer Hausverwalterin inne, deren Aufgabe neben anderen Dingen war, am Morgen den Bürgersteig vor dem Hause zu reinigen.

Alle diese Arbeiten musste Frau Jansen ohne die Hilfe ihres Mannes tun, der nun schon über zwei Jahre als Soldat im großen Krieg war. Denn es war die Zeit, da fast alle Staaten der Erde gegen Deutschland zogen, um es zu vernichten, obgleich es nur seine Freiheit wollte. Damals standen deutsche Männer in aller Welt. Sie gaben Blut und Leben für das deutsche Land und schmiedeten in zäher Ausdauer einen schützenden Ring um die Heimat. Und während Väter und Söhne auf den Kriegsschauplätzen einer ungeheuren Übermacht von Feinden standhielten, erfüllten daheim die Mütter tapfer und mit oft übermenschlicher Kraft eine doppelte Pflicht: sie trugen die Sorge um das Wohl und Wehe ihrer Kinder und taten die Arbeit der Männer, die aus Werkstuben, Fabriken oder von sonstigen Arbeitsplätzen hinweggeeilt waren, Deutschland zu schützen.

An einem kalten Dezembermorgen stand die Mutter vor Hermanns Bett. Ihre Hand lag noch auf seinem wirren Haar, als er die Augen aufschlug.

„Steh' auf, Junge, du musst die Straße fegen. Ich darf nicht zu spät zur Arbeit kommen."

Unwillig drehte sich Hermann zur Wand. Es klang nicht gut, als er trotzig zur Antwort gab:

„Immer soll ich so früh aus dem Bett heraus. Niemals kann ich ausschlafen. Ich steh' nicht auf!"

„Du weißt, Hermann, wie gerne ich dich schlafen ließe. Aber die Straße muss um halb acht gefegt sein, und um diese Zeit bin ich doch im Büro noch nicht fertig."

„Dann kann der Schnee liegen bleiben, ich steh' nicht auf!" gab Hermann zurück und zog die Decke über die Augen.

Er hörte, wie die Mutter mit leisen Schritten vom Bett zum Tisch hinüberging. Für einige Sekunden fühlte er deutlich, wie schlecht er sich eben benommen habe, dass er aber sein Handeln noch wiedergutmachen könne. Er brauchte jetzt nur aufzustehen und zu tun, was die Mutter gesagt hatte. Aber der Trotz und die Trägheit in ihm siegten. „Ich denk' nicht dran!" knurrte er in die Kissen und blieb liegen.

Obgleich er sich Mühe gab, nicht hinzuhorchen, hörte er doch, wie sich die Mutter am Tisch zu schaffen machte. Leise zog er ein wenig die Decke von den Augen. Die Mutter wandte ihm den Rücken zu. Er wusste, dass sie dabei war, ihm und den Geschwistern, die zur Schule mussten, das Frühstücksbrot zu schneiden. Er wusste auch, wie schwer es der Mutter jeden Morgen wurde, dass der unbarmherzige Krieg mit seiner Knappheit aller Lebensmittel sie zwang, den Kindern nur ein kärgliches Frühstück zuzuteilen.

Das alles fiel ihm in diesem Augenblick wie ein Stein auf die Brust. Alle Müdigkeit war verflogen und er spürte, dass es jetzt gar keinen Sinn hatte, noch im Bett zu bleiben.

Während er mit seinen widerstreitenden Gefühlen kämpfte und unverwandt hinüber zur Mutter blinzelte, suchte diese in der Tischlade ein Stück Papier, um Hermanns Frühstücksbrot hineinzuwickeln. Sie wandte ihm jetzt das volle Gesicht zu, auf dem der gelbe Schein des Lampenlichts lag.

Da geschah es, dass aus ihren Augen Tränen drängten, die sekundenlang wie Perlen an den Lidern hingen und dann nacheinander herabtropften auf ihre Hände. Eine Träne aber fiel, als hätte sie den Weg verfehlt, auf das kleine Päckchen, darin Hermanns Frühstücksbrot geborgen war. Mit leisem Schlag tropfte sie herab und zerrann auf der papiernen Hülle. Dann hatte die Mutter noch einmal über die Brotpäckchen gestrichen, danach das Licht gelöscht und war leise, um keinen zu stören, aus der Wohnung gegangen.

Hermann lag steif in seinem Bett und rührte sich nicht. Es war ihm, als sei er aus einer Höhe herabgestürzt und liege nun mit zerschlagenen Gliedern in der Tiefe. Zum ersten Mal in seinem Leben hatte er die Mutter weinen sehen. Und das war um seinetwillen geschehen!

Ein brennender Schmerz bohrte ihm in der Brust. Seine Augen starrten ins Dunkle und in seinem heißen Kopf jagten die Gedanken durcheinander, was er alles lieber ertragen würde, als seine Mutter noch einmal seinetwegen weinen zu sehen. Lieber würde er barfuß durch den Schnee laufen, lieber würde er keine Schulferien mehr haben wollen...

Es waren viele Dinge, auf die er jederzeit verzichtet hätte, um die Tränen der Mutter nicht mehr zu sehen.

So verging eine jämmerliche Stunde, während draußen ein scharfer Wind in kurzen Stößen den Schnee gegen die Fenster trieb. Hermann wusste, dass es nun höchste Zeit sei, aufzustehen, die Geschwister zu wecken und zur Schule zu gehen. Aber was er auch tun wollte, alles erschien ihm heute so schwer wie noch nie. Als er das Brotpäckchen in die Büchermappe steckte, hatte er das Gefühl, glühendes Eisen hineinzuschieben. Allein der Vorsatz, von dem Brot keinen Bissen zu essen, machte es ihm möglich, das Päckchen überhaupt mitzunehmen.

Auf dem Wege zur Schule tanzten die Flocken vor seinen Augen, und ihm war, als wollte ihn jedes dieser kleinen weißen Dinger an seine Schlechtigkeit erinnern.

In den ersten beiden Schulstunden stand beständig das Bild seiner Mutter vor seinen Augen. Hermann war nicht bei dem, was der Lehrer sagte. Als die Glocke schrill und laut das Zeichen zur Pause gab, ließ er sich schweigend vom Strom der anderen Jungen treiben, die laut schwatzend die Treppen hinunter auf den Schulhof drängten.

Ob es nur aus täglicher Gewohnheit geschah oder aus einem anderen Grunde, wusste er nicht, jedenfalls trug er sein Frühstückspäckchen in den Händen, als er langsam über den Hof ging.

Der Hunger ist ein übler Geselle! Vor Hermann stand er heute mit höhnischem Lachen und flüsterte ihm in die Ohren: Du musst doch das Brot essen ... hahaha ... ich zwicke dich solange in deinem Magen, bis du es tust!

Ich tue es nicht, dachte Hermann trotzig.

Als er aber inmitten seiner Kameraden stand und sah, wie diese ihr Stückchen Kriegsbrot, mit Marmelade bestrichen, behaglich verzehrten, bekam seine Standhaftigkeit einen kräftigen Stoß. Langsam wickelte er das Päckchen auseinander, nahm das Brot heraus und hatte es bald mit schnellen Bissen vertilgt. O, wie schlecht war er doch! Konnte er es fertigbringen, das Brot zu essen, auf das eine Träne seiner Mutter gefallen war? Nun war alles verloren und nichts mehr gutzumachen.

Er überfiel ihn eine große Traurigkeit. Er hatte Mühe, die aufsteigenden Tränen herunterzuschlucken. Gedrückt saß er bis zum Schluss der Schulstunde auf seiner Bank.

Erst am Nachmittag kam er langsam wieder ins Gleichgewicht. Aber dieser schreckliche Tag hatte ihn dahin gebracht, dass er fortan jeden Auftrag ohne Widerspruch erfüllte.

Natürlich hatte Hermann von alldem nichts seiner Mutter erzählt. Sie ahnte nicht, was der eigentliche Grund der Bereitwilligkeit war, mit der ihr Junge nun jede Arbeit tat. Aber sie freute sich über ihren Ältesten, der immer an das Erlebnis denken musste, wenn er am frühen Morgen die Teppen hinabging. Doch so wie bisher erlebte er es auch heute. Als er auf die Straße trat und den glitzernden Schnee erblickte, der sich zu kleinen Bergen auf dem Bürgersteig türmte, quälte ihn nicht mehr jene jämmerliche Stunde. Frohgemut ging er ans Werk. Mit einer Schneeschaufel, die fast zu groß und schwer für ihn war, fuhr er in langen Bahnen über den Bürgersteig. Dumpf polterte die Schaufel über das Pflaster. Hermann pfiff ein lustiges Lied dabei.

Da legte sich plötzlich eine Hand auf seine Schulter, und eine tiefe Stimme sprach:

„So fleißig am frühen Morgen, mein Junge?"

Hermann war in Gedanken versunken gewesen. Er hatte wie immer bei seiner morgendlichen Arbeit an seinen Vater gedacht, dessen Regiment vor einigen Monaten von Russland nach Frankreich kommandiert worden war. Wenn Hermann den Schnee schaufelte, vermutete er stets, die Feinde vor sich zu haben, gegen die der Vater kämpfte. Passt auf, sagte er dann, ruck ... immer weg, ruck ... wieder ein paar Kerle! Und er freute sich, als hätte er wirklich eine Handvoll Franzosen hinweggefegt.

Darum dauerte es ein Weilchen, bis er den alten, freundlichen Herrn neben sich bemerkte. Hermann zupfte verlegen an seiner Jacke und lachte.

Der alte Herr trug eine goldene Brille, durch die er mit guten Augen wohlwollend auf den Jungen sah. Er war in einen prächtigen Pelzmantel gehüllt, der von Hermann sofort mit dem stillen Urteil „feudal" und mit besonderem Wohlgefallen betrachtet wurde.

„Wie heißt du?" fragte der Herr.

„Hermann Jansen", antwortete der Junge.

„Ist dein Vater Soldat?" war die zweite Frage.

Hermann strahlte.

„Ja freilich", antwortete er mit heller Stimme, „Lange schon. Jetzt ist er in Frankreich, und wenn ich konfirmiert werde, kommt er auf Urlaub nach Hause."

„Soso", meinte der alte Herr, „konfirmiert wirst du auch schon? Wie alt bist du denn?"

„Weihnachten war ich vierzehn Jahre."

„Hast du noch Geschwister?"

„Noch drei", antwortete der Gefragte. Dann setzte er mit stolzer Mine hinzu: „Und meine Mutter geht jeden Morgen schon um sechs Uhr zur Arbeit!"

Der Fremde sagte ein paar Worte, die Hermann nicht verstand, aber der Junge freute sich, als er die Hand des Mannes auf seiner Schulter fühlte und danach deutlich hörte, wie dieser mit den Worten davonging: „Weiter so tapfer, mein Junge!"

Wieder polterte die Schneeschaufel über das Pflaster, hin und her, her und hin. Als der Schnee beiseite geschaufelt war, nahm Hermann einen Rutenbesen und fegte noch einmal über den Bürgersteig, der nun sauber und von seiner weißen Last befreit dalag.

„Nun hat wieder neuer Schnee Platz", sagte der Junge.

Dann trug er sein Gerät in den Schuppen auf dem schmalen Hof, der zwischen hohen Häusermauern lag, und lief mit schnellen Sprüngen die vier Treppen zur elterlichen Wohnung hinauf. Mit hochroten Backen kam er dort an. Es war ihm warm geworden von der Arbeit und vom Lauf, obgleich eine grimmige Kälte herrschte. Eisblumen bedeckten die Fenster von oben bis unten. Der Frost klirrte nur so an den Scheiben.

Hermann schraubte die Nachtlampe wieder in die Höhe und sah auf die Uhr. Es war nun Zeit, die Suppe zu wärmen, den Bruder zu wecken und zur Schule zu gehen.

In der Küche der kleinen, blitzsauberen Wohnung hatte die Fürsorge der Mutter schon alles vorbereitet. Auf dem Gaskocher stand ein Topf mit Haferflockensuppe, zwei Teller standen auf dem Küchentisch, daneben lagen zwei kleine Päckchen Frühstücksbrot, die er und sein Bruder mit zur Schule nehmen durften.

Das Recht, den Gaskocher zu bedienen, war von der Mutter nur Hermann zugesprochen worden. Seinen Geschwistern war dies aufs strengste verboten, damit kein Unglück geschähe. Freilich, anfangs war die Mutter oft unruhig gewesen, dass der Älteste dabei etwas versehen könnte. Aber Frau Jansen war nicht nur eine tapfere Frau, die unverzagt und mit nimmermüdem Eifer ihren Pflichten nachging und die Verantwortung allein trug, die sie sonst mit ihrem Mann teilen durfte. Nein, sie war auch eine gottesfürchtige Frau, die das Beste zu tun verstand, was es auf Erden überhaupt geben kann: sie konnte die Hände falten und mit einem vertrauendem Herzen zu Gott beten! Sie hatte es erfahren, dass Gott ein lebendiger Gott ist, zu dem man reden durfte, so wie ein Kind zu seinem Vater spricht. Sie liebte Gottes Wort und kannte die Bibel, die sie täglich aufschlug, um in ihr zu lesen. So erbat sie immer wieder Gottes Schutz für ihre Kinder, wenn diese allein im Hause waren und manche Hantierung tun mussten, die sie eigentlich ohne Hilfe Erwachsener nicht hätten tun dürfen.

Die Flamme pufſte und leise brodelte die Suppe im Topf. Hermann rührte mit geschickter Hand, um ein Anbrennen zu vermeiden. Dann ging er in die Wohnstube zurück, schüttete ein wenig Kohlen in den Ofen und weckte zum dritten Male seinen Bruder. Peter war ein fröhlicher Bursche und gutmütig dazu. Gern half er seinem Bruder bei dessen Arbeiten, nur mit dem Aufstehen am Morgen war es bei ihm schlecht bestellt.

Aber bei welchem Jungen ist es damit nicht schlecht bestellt? Besonders dann, wenn ein kalter Wind vor dem Fenster pfeift, die Stube und die ganze Stadt noch im Dunklen liegt und es unter dem Deckbett gar so mollig warm ist. Machen es da nicht viele ebenso wie Peter, der jedes Mal nach dem Wecken sich vornahm, nur noch bis fünfzig liegen zu blieben? Der dann ganz langsam zählte ... eins, zwei, drei ... und wenn er schließlich bei fünfzig angelangt war, wieder von vorn anfing oder schon wieder eingeschlafen war, noch ehe er bis zwanzig gezählt hatte?

Ja, viele Jungen machen das gleiche, was Peter auch an diesem Morgen tat. Er hatte gesagt, er wolle bis fünfzig zählen und war bei fünf schon wieder eingeschlafen.

„Na warte, mein Bürschchen!", sagte Hermann, als er ans Bett trat und den Faulenzer in festem Schlaf liegen sah.

Hermann nahm den Zipfel eines Handtuches, tauchte ihn in das eiskalte Wasser und hielt diesen klug erdachten Lebenswecker über das Gesicht des Schlafenden. Klack ... fiel ein Tropfen aus dem nassen Tuch auf Peters Nase herab; klack ... klack ... ein zweiter und dritter folgte.

Mit schneller Hand fuhr der Schläfer in sein Gesicht, um sich jedoch rasch wieder zur Wand zu drehen und weiterzuschlafen. Klack ... klack ... tropfte es nun in rascher Folge in sein Ohr, und noch ehe der aufgestörte Peter wusste, was eigentlich mit ihm geschah, hatte Hermanns Hand den nassen Zipfel zusammengedrückt, und munter rieselte ein dünner Regen auf das verschlafene Gesicht.

Geschwind saß Peter aufrecht im Bett.

„Was ist los? Hermann, es regnet in der Stube!" rief er verwirrt.

Hermann kicherte vor Freude: „Ja freilich, brauchst du einen Regenschirm?"

Langsam kam Peter zu sich und begriff die Lage.

„Nun aber raus aus den Federn, Peter, wir müssen frühstücken und uns auf den Weg machen", sagte der Bruder.

Peter war jetzt munter geworden. Er rieb sich den Schlaf aus den Augen, sprang aus dem Bett und saß bald mit Hermann am Frühstückstisch. Behaglich löffelten sie die Suppe.

„Ich hab' vom Vater geträumt", sagte Peter. „Er ging ganz allein auf einer Landstraße, die sehr lang war und scheint's kein Ende hatte. Einen grauen Mantel trug er und auf dem Kopf einen Stahlhelm. Das Gewehr hing über beide Schultern und auf dem Rücken trug er einen schweren Tornister. Während er marschierte, sang Vater mit seiner kräftigen Stimme das Lied, das er uns gelehrt hat, ehe er in den Krieg zog. Du weißt ja, das ..." Peter pfiff leise eine Melodie.

„Ach so, Morgenrot, Morgenrot, " sagte Hermann.

„Ja, das Lied war's, aber die Worte waren anders. ‚Darum still füg' ich mich, wie Gott es will,' so hieß es wohl. Das hat Vater immer gesungen. Du, ich glaube, er marschiert jetzt schon nach Hause, um dabei zu sein, wenn du konfirmiert wirst. Denn Frankreich ist doch furchtbar weit von hier, nicht?"

„Ich glaube ja, das ist sehr weit von hier, " bestätigte Hermann.
„Weißt du, was ich mache, wenn Vater hier ist?" fuhr Peter fort. „Dann setze ich mir seinen Stahlhelm auf! Der ist sehr schwer, glaubst du das?"

Hermann löffelte den Rest seiner Suppe, guckte verloren in die Stube und sagte statt einer Antwort:

„Wenn Vater hier ist, gebe ich ihm immer mein Frühstücksbrot."

„Meins bekommt er auch," sprach Peter schnell, „und meine Suppe kann er natürlich auch essen, denn Soldaten haben großen Hunger. Bestimmt großen Hunger!"

Die letzten Worte sagte er mit besonderem Nachdruck und so, als wolle ihm jemand seine Meinung von Hunger der Soldaten streitig machen.

Für ein paar Sekunden war es ganz still in der Stube, nur der Wecker tickte hörbar auf dem Tisch. Dann meinte Hermann zum Bruder: „Nun wird's aber Zeit, wir kommen sonst noch zu spät!"

„Los!" sagte Peter.

Sorgsam prüfte Hermann noch einmal den Ofen und trat leise in die Kammer, um nach den Schwestern zu sehen. Die schliefen ruhig. Grete brauchte erst am Nachmittag zur Schule, und in einer halben Stunde war ja auch die Mutter wieder zurück. Das Licht in der Stube wurde gelöscht und dann ging's die Treppe hinab. Es war sehr kalt an diesem Morgen. Bis an die Nasen vermummt eilten die Leute schweigend über die Straßen. Aber den Brüdern blieben die Hände, die sie anfangs tief in die Hosentaschen geschoben hatten, nicht lange darin stecken.

„Zum Warmwerden!" meinte Peter, als er mit beiden Händen in den Schnee griff und einen Schneeball zurechtdrückte. Hermann folgte dem Beispiel. Die Holzwand drüben über der Straße war eine herrliche

Zielscheibe für die Bälle, die nun in rascher Folge und in schneidigem Wurf durch die Luft sausten. Bald war die Wand mit weißen Punkten übersät.

„Schluss jetzt! Dauerlauf, marsch, marsch!" kommandierte Hermann, und in fröhlichem Trab liefen beide durch den kalten Morgen dahin.

Kapitel 2: Hunger

Das graue Schulhaus lag in einer engen, lebhaften Straße, auf der von früh bis spät das bunte Treiben einer großen Stadt zu spüren war. Wagen auf Wagen rollte vorüber, elektrische Straßenbahnen fuhren geräuschvoll dahin und eilige Menschen gingen über die Bürgersteige.

An der Ecke einer schmalen Querstraße stand das Schulhaus, das nur zwei Stockwerke hoch war und sich mit seien engen Fenstern ein wenig bescheiden ausnahm inmitten der anderen Häuser. Über der Eingangstür stand eine steinerne Christusfigur, von vielen der dahineilenden Menschen kaum beachtet, umso ehrfürchtiger aber von den Kindern angeschaut, die das Schulgebäude betraten. Vor langen Jahren war in diesem Haus ein Spital für arme, verwaiste Kinder untergebracht. Eine Stätte also, an der viel Not und Elend, Schmerz und Traurigkeit zusammentraf.

Heute aber hallte durch das Haus fröhlicher Lärm der Großstadtjungen, die ihrem Äußeren nach wohl nicht unter die Begüterten zu rechnen waren, die aber ihre Armut mit der Unbekümmertheit einer frischen Jugend trugen. Die ausgetretenen, hölzernen Treppen ächzten und knarrten unter den Tritten der lärmenden Burschen, und die halbdunklen Flure hallte wider von dem Geklapper der mit Holzsohlen beschlagenen Schuhe. Kaum einer der Jungen war darunter, dessen Schuhwerk Ledersohlen trug. Denn es war Krieg, und so, wie für viele andere Dinge ein Ersatz gefunden werden musste, so wurde für die Schuhsohlen Holz statt Leder verwandt.

Hei, war das ein Geklapper! Manchmal wirklich ohrenbetäubend. Da half auch die Mahnung des alten Schuldieners Schmidt wenig, der mit seiner Soldatenstimme oft dazwischen dröhnte, dass den kleinsten der Schuljungen der Schreck in die zitternden Beine fuhr. Herr Schmidt hatte als Unteroffizier bei den Soldaten gedient, musste aber wegen eines Unfalles vorzeitig den Dienst aufgeben und erfüllte jetzt mit echt deutscher Treue die Aufgaben eines Schuldieners. So war es seiner Herkunft entsprechend nicht zu verwundern, dass er mit eiserner Strenge auf Ordnung hielt. Aber die älteren Jahrgänge der Schüler kannten „Papa Schmidt", wie sie ihn nannten, doch zu gut, als dass ihre Furcht vor ihm etwa groß gewesen wäre. Allzu oft hatten sie es erlebt, dass hinter der rauen Soldatenbrust ein gutes Herz schlug. Wie viele Jungen, von denen er wusste, dass sie zuhause kein warmes Frühstück erhalten konnten, nahm er in die Küche seiner bescheidenen Wohnung, wo ihnen seine Tochter, die ihm seit dem Tode seiner Frau die Wirtschaft führte, ein kräftiges Frühstück bereiten musste. Es gehörte mit zu dem größten Schmerz des Alten, dass er den ärmsten Jungen diese Hilfe umso weniger erweisen konnte, je länger der große Krieg dauerte. Denn die zugeteilten Brotmengen wurden immer kleiner und zuletzt so rar, dass es kaum noch für ihn selbst reichte. Aber lange bis in die ärgste Notzeit hinein war Papa Schmidt geradezu unerschöpflich in seinen Vorräten und schien mit einer wahren Zaubermacht ausgerüstet zu sein, denn immer wieder konnte er „den Lausbuben etwas in den Hals schieben," wie er sagte.

Hermann und Peter hatten in gemächlichem Dauerlauf den größten Teil des Schulweges zurückgelegt. Jetzt kamen sie mit einer Schar ihrer Klassengenossen die Straße heruntergelärmt und drängten sich durch die schmale Tür in das Schulhaus hinein. Polternd ging es über die Treppe und Flur, dann verteilten sich die verschiedenen Gruppen auf die Klassenzimmer.

Mit seinen Freunden Fritz und Max hatte Hermann soeben die neuesten Nachrichten vom Kriegsschauplatz durchgesprochen. Er war, wie viele seiner Kameraden, ein kleiner Meister darin, über die Kämpfe an den einzelnen Fronten des deutschen Heeres Bescheid zu wissen. Zu Hause hatte er eine Karte an der Wand hängen und steckte nach den Heeresberichten mit kleinen Fähnchen die Kampflinien der deutschen Regimenter so genau ab, dass mancher Soldat an dem jungen Generalstäbler seine Freude gehabt hätte.

Nachdem sich die drei Freunde mit viel Stimmenaufwand und eifrigen Handbewegungen über den gegenwärtigen Stand an der Westfront geeinigt hatten, hängten sie Mütze und Jacke an einen Haken, von denen eine große Zahl an der Wand längs des Flures angebracht waren.

Es gehörte zu den beliebtesten Abwechslungen der Schüler, mit ihren holzbeschlagenen Schuhen auf den langen, glattgescheuerten Fluren entlangzugleiten. Verbote und Strafen der Lehrer vermochten nicht, auf die Dauer diesem Treiben Einhalt zu gebieten. Immer, wenn die Jungen des Morgens auf dem Flur standen und über die blanken Dielen schauten, waren ihre Beine nicht zu halten. Sie gingen einfach mit ihren Besitzern durch, und ob man wollte oder nicht, nahm man zwei, drei Schritte Anlauf und sauste im Gleitflug den Flur entlang.

Kaum hatten die Jungen die Kleidungsstücke auf den Haken gehängt, standen Fritz, Max und Hermann schon hintereinander, nahmen einen kurzen Anlauf, und ... hui ... ging's in fröhlicher Fahrt über den Flur.

Da sauste Fritz plötzlich in vollem Schwung in die Arme von Papa Schmidt, der wie aus der Erde gewachsen am Ende des Flures stand. Max prallte auf Fritz, Hermann auf Max und in lieblicher Umschlingung lagen die drei in den Armen des Hausgewaltigen.

„Ihr Lausbuben!" brüllte Papa Schmidt mit seiner Bombenstimme. „Wie oft soll's euch denn gesagt werden, dass ihr den Fußboden nicht noch mehr zerkratzt? Ich werde euch heimleuchten!"

Wenn Papa Schmidt sich erbot, den Jungen heimzuleuchten, dann war die Lage brenzlich. Auch heute war es so. Mit einer Schnelligkeit, die nur jahrelange Übung in solchen Dingen zustande bringen konnte, bekam jeder eine Ohrfeige verabreicht, dass die vier Finger des freundlichen Spenders auf der Wange der erschrockenen Empfänger deutlich sichtbar wurden.

Betreten schlichen die drei Sünder davon. Aber sie wussten, dass damit der Fall erledigt war, denn ein Angeben kam bei Papa Schmidt nicht in Frage. Deswegen war er, obwohl er mit seinem energischen Dazwischenfahren manchen verwegenen Plan der Jungen zerstörte, im Stillen doch ihr Kamerad. Sie sagten von ihm, dass er ein Kerl sei! Und wenn das eine Horde wilder Großstadtjungen sagt, bekundet sie damit, dass der Betreffende ganz zu ihnen gehört.

In der ersten Klasse, der Hermann angehörte, war es nun still geworden. Rektor Koch, der Klassenleiter, hatte das Zimmer betreten und den Unterricht aufgenommen.

Die Jungens waren ihrem Rektor fast ausnahmslos zugetan. Nur ein paar Unverbesserliche behaupteten, mit ihm sei „nichts los." Aber sie kamen damit nicht durch. Nein, Rektor Koch wurde von den Jungen geliebt. Das war zwar schon immer der Fall gewesen; seitdem er ihnen aber vom Heldentod seines jüngsten Sohnes erzählt hatte, schauten die meisten zu ihm mit einer gewissen Ehrfurcht auf.

Sie hatten die Stunde nicht vergessen, als er, wie das oft geschah, den Unterricht abbrach und zu erzählen begann. Von einem jungen Leutnant hatte er gesprochen, der bei einem Sturmangriff schwer verwundet wurde, dann mit viel Mühe von seinen Leuten hinter die Feuerlinie geschafft wurde und schließlich im Feldlazarett nach wenigen Stunden starb.

Der Leutnant sei, erzählte der Rektor, als einer in den Tod gegangen, der seine irdische Heimat mit der ewigen Heimat vertauscht und der gewusst habe, dass denen, die Gott lieben, alle Dinge zum besten dienen, auch das Sterben auf dem Felde der Ehre.

„Der junge Leutnant hieß Martin Koch und war mein jüngster Sohn", hatte der Rektor zuletzt gesagt und dann, ohne dass eine Veränderung in der Stimme zu spüren war, hinzugesetzt: „Nun wollen wir wieder an die Arbeit gehen!"

Seit der Stunde waren ihm die Jungen mit besonderer Liebe zugetan. Sie versuchten, mit doppeltem Fleiß ihren Rektor zu erfreuen, der auch nach dem Tode seines Sohnes der stets freundliche und gütige Mann blieb.

Soeben war die erste Stunde des Unterrichts vergangen. Nun wurden die Hefte verteilt, weil in der zweiten Stunde ein Aufsatz geschrieben werden sollte.

Mitten in diese Vorbereitungen hinein hörte man plötzlich einen dumpfen Fall. Schnell drehten sich die Köpfe dorthin, wo der Laut herzukommen schien. Die Jungen erschraken, denn sie sahen, wie der kleine Richard Schulz mit bleichem Gesicht aus der Bank gefallen war.

Der Rektor, der schnell hinzueilte, erkannte sofort, dass der Junge einen Ohnmachtsanfall bekommen hatte und schickte einen Klassenkameraden hinunter zum Schuldiener, einen Becher mit Kaffee oder anderem Getränk zu holen.

Doch kaum hatte der Bote das Zimmer verlassen, da schlug Richard Schulz auch schon wieder die Augen auf. Er lächelte und schüttelte ein wenig den Kopf, als wollte er sagen, dass er das nicht recht verstehen könne, was soeben mit ihm geschehen war.

Rektor Koch strich dem Jungen über da bleiche, schmale Gesicht. Und als ob er die Gedanken des besorgten Mannes erraten hätte, sagte einer aus der Klasse:

„Der hat Hunger, Herr Rektor, er soll mein Brot haben!"

Flink hatte der Sprecher sein Frühstücksbrot unter der Bank hervorgeholt und legte es auf den Platz von Richard Schulz. Ohne sich lange zu besinnen, folgten noch viele dem Beispiel. Es war selbstverständlich, dass dem Kameraden geholfen wurde. Nicht einer der Jungen hätte sich zurückhalten lassen. Dass es ein Opfer war, wussten sie nicht.

Inmitten der bewegten Schar stand Rektor Koch. Obwohl die Wirklichkeit des Lebens greifbarer denn je vor ihm stand und ihn in dieser Stunde der Flügelschlag des rauen Krieges mehr als sonst in seinem Herzen traf, war er doch sehr glücklich. Konnte es etwas Schöneres geben, als diese Opferbereitschaft seiner Jungen zu erleben?

Da ging die Tür auf und der Schuldiener trat herein. Er trug eine Tasse Kaffee in der einen und eine dicke Scheibe Brot in der anderen Hand.

„So", sagte er, nachdem er sich kräftig geräuspert hatte, „da iss, damit du wieder auf die Beine kommst."

„Schönen Dank, mein lieber Schmidt", sagte der Rektor.

„Schon gut", brummte der Schuldiener.

Als er hinter der Tür verschwunden war, meinte Hermann leise zu seinem Nachbarn:

„Du, er ist doch ein Kerl, was?"

Der andere nickte beifällig und sagte: „Prima!"

Rektor Koch verstand es gut, die Opferbereitschaft der Jungen nicht zu enttäuschen und ihnen doch das angebotene Frühstücksbrot wieder zurückzugeben. Dafür legte er das seinige mit der Bemerkung hin, dass er als alter Mann eigentlich nichts mehr brauche. „Alte Leute können von der Luft leben", sagte er lachend.

Dann wusste er, dass es nun an der Zeit sei, die Jungen aus der rauen Wirklichkeit dieser Stunde herauszuführen. Er wusste, ihnen jetzt wie so oft schon zeigen zu müssen, dass auch die Jugend nur ein Teil des ganzen Volkes ist und dass das graue Heer der Kämpfer in Feindesland nicht zu trennen war von den stillen Helden in der Heimat. Sie alle kämpften und litten für das Vaterland, das Deutschland hieß, und auch die Jugend auf der Schulbank war mit einbezogen in das große, tapfere Ringen eines Volkes.

„Legt die Hefte beiseite", sagte der Rektor, „wir wollen uns die Arbeit bis zur nächsten Stunde aufheben."

Gerne folgten die Jungen.

Als es still war im Zimmer, lehnte Rektor Koch am Katheder und schaute hinüber zur Fensterreihe. So tat er immer, wenn er seiner Klasse etwas Besonderes zu sagen hatte. Dann ging sein klarer, freundlicher Blick in die Weite und es war, als schaute er am Horizont die Bilder, die er erzählend vor die Augen der gespannt horchenden Jungen stellte.

„Das war in den Karpaten", begann er, „im Winter 1914/15. Ihr wisst, damals war bei uns eine schlimme Kälte. Wenn auch nicht so grimmig wie in diesem Winter, aber doch arg genug. Es fror bei uns schon Stein und Bein, da könnt ihr euch denken, wie kalt es in jenem hohen, wilden Gebirge gewesen sein mag.

Die deutschen Truppen waren damals unseren Verbündeten zu Hilfe geeilt, um die nach Ungarn drängende russische Menschenwelle aufzuhalten. In dem mit dichten Urwald bedeckten, ungeheuer weit ausgedehnten Gebirge war der Kampf gegen die sich tüchtig wehrenden Russen besonders erschwert. Der Vormarsch der Deutschen konnte auf den zerklüfteten, tief verschneiten Wegen nur langsam und unter Aufbietung aller Kräfte vorwärts gehen. Die verbündeten Truppen besaßen kleine Abteilungen, die mit Schneeschuhen ausgerüstet waren und besonders am Tage zu Aufklärungsdiensten verwendet wurden. Sie trugen weiße Kappen und waren mit dieser Bekleidung der Schneelandschaft so angepasst, dass sie oft auch auf kurze Entfernung kaum erkennbar waren.

Zu einer dieser Abteilungen gehörte auch der junge Kriegsfreiwillige Hansen, der mit großem Mut und seltenem Geschick schon viele Patrouillen geführt hatte. Heute galt es wiederum, zu erkunden, ob die Russen ein bestimmtes Gelände bereits geräumt hatten oder noch besetzt hielten. Zwei Begleiter wurden ihm beigegeben.

Pfeilschnell sausten sie einen Abhang hinunter und glitten vorsichtig über die weite Schneefläche, um drüben den Hang wieder hinaufzuklimmen. Während dem aber setzte ein furchtbarer Schneesturm ein, der ihnen die Flocken wie Nadeln in das Gesicht trieb und die Richtung vollkommen versperrte. Die Gefahr war nun doppelt groß. Nicht nur, dass sie vom Wege abirren, sondern vor allem, dass sie in die Hände der Russen fallen konnten, die vielleicht eine Nachhut zurückgelassen hatten.

Hansen und seine Leute versuchten nun unter Aufbietung aller Kräfte, vorwärts zu kommen und die Richtung einzuhalten. Es begann ein verzweifelter Kampf. Schritt für Schritt nur ging es voran, bis sie schließlich feststellen mussten, dass die Richtung verloren war. Aber da, wo sie standen, konnten sie nicht bleiben. Gelang es ihnen nicht, irgendwo Schutz zu finden, dann würden sie im Schnee versinken und erfrieren. Doch die Leute verloren den Mut nicht. Fest sahen sie ihrer verzweifelten Lage ins Auge und beugten sich noch nicht der drängenden Gefahr.

„Weiter!" sagte Hansen, „wir erfrieren sonst."

Die anderen verstanden die Worte nicht, denn der Sturm zerfetzte den Klang und trug ihn in die Ferne.

Zwei Stunden arbeiteten sich die Tapferen vorwärts, um dann endlich eine der verlassenen Hütten zu finden, in denen wohl vor dem Kriege arme Hirten gewohnt hatten. Für den Augenblick waren die drei gerettet, aber sie wussten, dass das Schneetreiben oft stundenlang andauerte und dass dann die Hütte völlig unter dem Schnee begraben werden konnte.

Doch auch hier war ihre Zuversicht größer als die Sorge. Zunächst waren sie aus dem wütenden Schneesturm heraus, und das war die Hauptsache.

Wisst ihr, Jungens, wie lange die Tapferen in der Hütte bleiben müssten? Zwei Nächte und einen Tag. Bedenkt, was das heißt! Kälte, Hunger, Durst, und vor den Augen immer den Tod.

Als sich endlich der Sturm gelegt hatte, konnten sie mühsam den Rückzug versuchen und wurden auf halbem Wege völlig erschöpft von einer Patrouille gefunden, die ausgezogen war, ihre Kameraden zu suchen.

„Seht, Jungens", schloss der Rektor, „unsere Soldaten draußen lassen sich nicht entmutigen. Sie halten den Kopf hoch und wir in der Heimat wollen dasselbe tun."

Nach Schluss der Schulstunden lärmte die Mehrzahl der Schüler etwas weniger als sonst. Viele dachten an ihre Kameraden, den blassen Richard Schulz, andere an die drei Helden in den verschneiten Karpaten.

Als Hermann beim Mittagbrot der Mutter gegenübersaß, fragte er sie: „Mutter, wie lange wird denn der Krieg noch dauern?"

Kapitel 3: Die große Schlange

Ein paar Tage waren seit dem Erlebnis in der Schule vergangen. Vielleicht hätten die Jungen kaum noch an die Stunde gedacht, da sich einer der Mitschüler vor Schwäche nicht mehr aufrecht halten konnte. Aber der Hunger, der ja die Ursache dieses Zwischenfalls gewesen war, blieb den Jungen so beständig zur Seite, dass sie doch immer wieder daran denken mussten. So kam es, dass sie in jenen Wochen und Monaten nur von einem Wunsch beseelt waren: wenn wir uns doch einmal satt essen könnten! Dieser Wunsch lebte in jedem Tun und Treiben der Kinder, ging mit ihnen in ihr Spiel und ihre Arbeit und begleitete sie bis in ihre Träume hinein. Dort wurde der sehnsüchtige Wunsch zu einer beglückenden Wirklichkeit, und das Traumbild schenkte den Kindern in überreichem Maße, was ihre verlangenden Hände am Tage nicht greifen konnten. Freilich, wenn sich am Morgen ihre Augen langsam öffneten und in den kalten, dunklen Tag hineinblinzelten, blieb ihnen nichts weiter als eine schöne Erinnerung an einen glücklichen Traum.

So gingen die Tage dahin, und an ihrem Anfang und Ende stand die immer gleichbleibende Frage: Wie lange wird denn noch Krieg sein?

Um die Mittagszeit eines kalten Tages machte sich Hermann auf den Weg, den zu jener Zeit viele Frauen, alte Männer und Kinder gehen mussten. Jeder Einkauf der wenigen Lebensmittel, welche die Menschen in der Heimat noch erhalten konnten, etwa Kartoffeln, Eier oder Fleisch, war in gleicher Weise nur unter großen äußeren Opfern möglich, wie der Einkauf der immer geringer und schlechter werdenden Kohle. Stundenlang standen die Käufer in langer Reihe hintereinander vor den Geschäften, jedem Wind und Wetter erbarmungslos ausgesetzt.

Hermann trug einen Rucksack über den Schultern, hatte die Mütze tief über die Ohren gezogen, die Hände in die Taschen seiner warmen Jacke geschoben und trabte seines Wegs. Er pfiff ein kleines Lied. Aber der eisige Wind verschlug ihm den Atem und ließ ihn bald die Lippen fest aufeinander pressen.

„Hallo, hallo!" rief's plötzlich hinter ihm, und in gleiche Ausrüstung, bis an die Nase vermummt, kam sein Klassenkamerad Max Merting auf ihn zugelaufen.

„Wo tippelst du hin?" fragte Max.

„Zum Markt, Kartoffeln holen", antwortete Hermann.

„Ich auch."

Plaudernd gingen sie nebeneinander und waren bald am Ziel. Als sie um die Ecke bogen und den Markt überblicken konnten, sahen sie schon viele Menschen in dichten Reihen vor dem Geschäft stehen, dem sie zustrebten.

„Meine Güte!" rief Max. „Guck dir bloß die große Schlange an!" Während sie näher heraustraten, überschlug Hermann mit einem Blick, der in diesen Dingen geübt war, die Menschenschlange.

„Fünfzig Reihen, also drei Stunden" sagte er dann.

„Nette Sache!" meinte trocken sein Kamerad.

Danach reihten sich beide in das letzte Glied der wartenden Menge ein, die in tapferer Geduld die Härte dieser schweren Wartezeit überstand. Freilich nicht immer mit lachenden Gesichtern, denn die Not des langen Krieges verdrängte das Lachen mehr und mehr und zeichnete die Spuren der Sorge in das Antlitz der Älteren. Die Jugend aber wusste auch hier die Sorge mehr als einmal zu verscheuchen und auf ihre Weise die langsam verrinnenden Stunden des Wartens zu verkürzen. Wenn sie in fröhlichem Geplauder inmitten der Erwachsenen stand, verschwand diesen wenn auch nur für kurze Zeit die Not des Krieges, und das Unbekümmert sein der Jungen und Jüngsten um sie her machte ihre Herzen hell.

Hermann und Max waren mit lustigen Zurufen empfangen worden, denn viele ihrer Kameraden standen schon unter den Wartenden. Da hatte zwei Reihen vor ihnen auch Georg Schumacher seinen Platz gefunden, den die Kameraden „die Eule" nannten. Georg Schumacher war ein lustiger Kerl. Seine Kunst, mit Hilfe der beiden etwas zu groß geratene Hände den Ruf des Käuzchens naturgetreu nachzuahmen, hatte ihm den Spitznamen eingebracht. Aber der Eulenruf war nicht das einzige, was er nachahmen konnte. Er war auch imstande, zu krähen wie der kräftigste Hahn und zu jaulen wie die schwärzeste Katze. Im Übrigen war „Die Eule" ein Kamerad, wie man ihn selten fand. Wo er nur konnte, half er hilfsbereit aus. In der Schule belegte er einen bescheidenen Mittelplatz. Besondere Begabung war ihm ebenso versagt geblieben wie besonderer Ehrgeiz. Als ihn einmal der Lehrer im Zeichenunterricht etwas unsanft aus seiner langsamen, fast trägen Art herausbringen wollte, hatte er den Gestrengen treuherzig angeschaut und gesagt: „Es wird schon werden!" Womit er wohl ausdrücken wollte, man solle kein Ding übereilen.

Kein Wunder also, dass „die Eule" das Warten vor den Geschäften mit vollkommener Ruhe ertrug und gar nicht begreifen konnte, wenn jemand anfing, über das ermüdende Herumstehen zu murren. Da ging plötzlich eine Bewegung durch die große Schlange. Das Geschäft, in dem die Kartoffeln zu kaufen waren, hatte soeben die Tür geöffnet. Wenn die Käufer der mittleren oder hinteren Reihen auch wussten, dass für sie das Ende des Wartens noch lange nicht kam, so hatten sie doch das Gefühl, es ging nun vorwärts. Dann atmeten sie immer erleichtert auf, und hatten sie vorher schweigend nebeneinander gestanden, sprach jetzt doch der eine oder andere ein Wort zu seinem Nachbarn.

Aber an der Spitze ging es nun langsam voran. Es war kaum merkbar, wenn eine Reihe abgefertigt war. Da kam bald wieder das dumpfe Gefühl über die Menschen, dass sie alle kannten und das ihnen das Warten so schwer werden ließ.

„Ich kann kaum noch stehen!" sagte eine Frau mit blassem Gesicht.

„Meine Füße sind wie Eisklumpen", meinte ein alter graubärtiger Mann, der immer abwechselnd die Fußspitzen an die Absätze seiner dürftigen Schuhe schlug.

Ein anderer sagte: „Und meine sind wie ein..."

„Kikerikiii..." erscholl es da plötzlich aus den hintersten Reihen. Ein langgezogener Hahnenschrei erklang über den Häuptern der erstaunten Menge. Wer für Sekunden seine Augen geschlossen hielt, sah in Gedanken einen krähenden Hahn mit geschwelltem Kamm inmitten gackernder Hennen, auch glaubte er, irgendwo im duftenden Heu schöne, große Eier zu entdecken.

Aber es war nur ein Trugbild, und was man zu sehen vermeinte, war aus der Sehnsucht geboren, das lange Entbehrte wieder einmal zu besitzen.

Der Hahnenschrei wiederholte sich, und als er, eben noch in der kalten Luft schwebend, plötzlich in ein gurgelndes Tönen überging, so dass es klang, als hätte jemand den Hahn an der Kehle gepackt, da löste sich aus den vor Kälte und Sorge erstarrten Menschen ein herrliches, befreiendes Lachen. Es tat gut, dieses Lachen, denn es verscheuchte den Gram und machte die Stunde leichter.

„Packt ihn den Hahn!" – „In die Pfanne mit ihm!" scherzten die Leute. Und die Kameraden der Eule versuchten angestrengt, das auch zu tun, was freilich nur dem anderen so gut und täuschend gelang.

So verrannen die Stunden, vergingen die Tage, und die Wochen eilten dahin.

Der Februar kam, die Kälte blieb. Ja, es hatte den Anschein, als wollte sie mit noch größerer Wucht Land und Leute bedrücken. Es fror gewaltig. In den kalten Stuben saßen die Kinder und träumten davon, dass einmal eine glücklichere Zeit sein werde.

Eines Tages kam Hermann mit Peter und Grete aus der Schule. Die Geschwister fanden die Mutter krank im Bett. Sie wussten nichts zu sagen und brachten kein Wort über die Lippen. Es schien ihnen unbegreiflich, dass ihre Mutter auch einmal krank sein könnte.

Grete weinte, Peter malte verlegen mit steifen Fingern ein paar Figuren an die Fensterscheiben, und Hermann strich hilflos mit seinen Händen über das Tischtuch, bis ihn die jüngste Schwester, die Barbara, aus seinen Gedanken riss.

„Guck", sagte sie, „den Kuchen hab' ich gebacken." Worauf sie ihm strahlend einen Blechnapf reichte, der mit feinem Sand gefüllt war.

Dann hörte Hermann die Stimme seiner Mutter.

„Kommt her, Jungens. Weine nicht mehr, Grete. Ich bin bald wieder gesund. Ich hab' mich wohl erkältet. Ein paar Tage noch und es wird wieder gut sein."

Sie wollte noch weiter reden, aber ein quälender Husten hinderte sie daran. Ängstlich schauten die Kinder drein. Als der Hustenanfall vorüber war, sprach die Mutter so lieb und gut zu den Kindern, dass deren Ängstlichkeit bald verschwand, und nachdem sie noch einmal lächelnd sagte: „Passt auf, Kinder, bald bin ich wieder gesund!" waren sie glücklich. Natürlich, dachte Peter, eine Mutter darf ja auch gar nicht krank sein.

Sorgfältig erledigte Hermann die Aufträge der Mutter. In das Bankgeschäft trug er einen Zettel, auf dem geschrieben stand, dass die Mutter morgen und auch vielleicht die nächsten Tage nicht ihre Arbeit werde tun können. Er ging zur Gemeindeschwester, sie zu bitten, einmal herüberzukommen und richtete nach diesen Gängen in der Küche das kärgliche Mahl für den Abend her.

Die Gemeindeschwester kam und tat freundlich und still die ersten notwendigen Dinge. Auch eine Nachbarin klopfte an die Tür und versprach, eine treue Helferin zu sein in den Tagen der Krankheit. Schließlich erschien auch der Arzt und sorgte aufs beste für die kranke Frau, die in stiller Dankbarkeit alle Fürsorge entgegennahm.

So war zunächst alles getan, die neue Not des Hauses zu erleichtern und zu lindern.

Am Abend, bevor die Kinder zur Ruhe gingen, rief sie die Mutter noch einmal zu sich ans Krankenbett. Barbara, die Jüngste, saß auf dem Bettrand und hatte ihre Händchen in die Hand der Mutter gelegt. Auch Grete suchte sich ein Plätzchen und strich immer wieder zärtlich über Mutters Hände. Peter und Hermann hatten zwei Stühle herangerückt.

„Hol' die Bibel, mein Junge", sagte die Mutter zu Hermann.

Als er sie brachte, hieß sie ihn den 23. Psalm aufschlagen. Er sollte ihn vorlesen, laut und langsam und die Geschwister sollten recht merken auf das, was sie hören würden.

Es war nicht schwer für Hermann, in dem großen, dicken Buch zu finden, was er lesen sollte. Er wusste, dass zwischen den schon ein wenig vergilbten Blättern, auf deren Seiten die Verse standen, seit langem ein Lesezeichen lag. Ein Kreuz war es, darauf jemand mit Tinte die Zahlen geschrieben hatte: 4. 8. 14. Was sie zu bedeuten hatten, wusste Hermann nicht.

Die aufgeschlagene Bibel lag auf seinen Knien, aber obgleich er auf das Buch heruntersah, brauchte er doch die gedruckten Worte nicht zu lesen, denn er wusste sie auswendig. Damals schon, als der Vater noch daheim war, hatte er oft aus dessen Munde gehört, was er nun mit lauter Stimme las.

Barbara hatte die kleinen Hände gefaltet und schaute mit großen Augen auf den Bruder. Grete bewegte ihre Lippen und sprach leise die Worte mit, während Peter mit übereinander geschlagenen Beinen auf dem Stuhl saß und mit seinem rechten Fuß auf und ab wippte.

Bleich und schwach lag die Mutter im Bett. Während der Worte: „Der Herr ist mein Hirte ... er führet mich auf rechter Straße ... ob ich schon wanderte im finstern Tal ..." ihr im Ohr und Herzen klangen, wanderten ihre Gedanken dahin, wo auf Flanderns Erde der Vater ihrer Kinder kämpfte und litt. Da wurde sie getrost und ruhig, denn sie wusste, dass ihr der tapfere Mann so oft schon aus Granatlöchern und Schützengräben geschrieben hatte: „Gott weiß alle Dinge ... uns wird nichts mangeln!" Das Wort würde sie gewiss auch diesmal wieder erfahren dürfen.

Nachdem Hermann zu Ende gelesen hatte, wippte Peter nicht mehr mit dem Fuß auf und ab. Es war still in der Stube, nur die Wanduhr tickte. Dann sagte Peter:

„Ja, Mutter, aber wir haben doch viel Mangel, wir haben keine Kartoffeln und Brot ist auch nur noch wenig da."

Er guckte fragend zur Mutter, auch Hermann schaute die Mutter an.

„Gewiss, mein Junge", antwortete sie, „wir haben nicht viel, aber Gott hat uns doch noch immer einen Tisch hergerichtet und uns noch nicht verhungern lassen."

Grete sprach mit leiser Stimme: „Aber Hunger tut weh, Mutter! Sag' uns doch, wo ist die grüne Aue?"

Die Kranke hatte für Sekunden die Augen geschlossen. Nun schaute sie eine Weile auf die Kinder und sagte dann:

„Wisst ihr noch, wie es war, als wir im Sommer eine Wanderung durch den Stadtwald machten?"

„O ja", rief Barbara, „das war fein!"

„Als wir uns dann verlaufen hatten, weil es so früh schon dunkelte und wir auf den unbekannten Wegen stolperten? Peter war auf die Nase gefallen und Hermann gegen einen Baum gerannt. Weißt du noch, Grete, was du damals zu mir gesagt hast?"

Grete lachte verlegen und antwortete: „Bloß gut, dass du dabei bist, habe ich gesagt."

„Seht, Kinder", fuhr die Mutter fort, „auf welchen Wegen ihr damals durch den Wald gestolpert seid, war euch einerlei. Die Hauptsache war doch, dass eure Mutter dabei war. So ist es auch im Leben aller Menschen: wie die Wege beschaffen sind, ob krumm oder gerade, hell oder dunkel, das ist gar nicht so wichtig. Die Hauptsache ist, dass Gott mit uns geht, von dem in der Bibel steht: Er führet uns auf rechter Straße."

Wieder wurde die Mutter von einem hässlichen Husten gequält.

Still gingen die Kinder zu Bett.

Hermann fand an diesem Abend noch lange keinen Schlaf. Nun hatte er schon so oft den 23. Psalm gelesen, aber noch nie hatte er so viel Gedanken dabei gehabt wie heute. „Und ob ich schon wanderte im finstern Tal ..." Warum war denn alles so dunkel? Der Vater im Kriege, die grausame Kälte, der schlimme Hunger, und nun war auch noch die Mutter krank geworden ...

Mit diesen Gedanken fiel der Junge in einen unruhigen Schlaf.

Kapitel 4: Der alte Portier

Ein paar Tage waren seit jenem Abend vergangen. Es waren Tage gewesen, an denen die Geschwister nicht recht froh werden konnten. Ihre Spiele in der engen Wohnung, in der nun auch noch ein Krankenbett stand, waren nicht so laut und fröhlich wie sonst. Wenn die kleine Barbara mit ihren Puppen spielte, vergaß sie es selbst in ihrem kindlichen Eifer nicht, mit ihren Puppenkindern nur im Flüsterton zu sprechen.

Peter hatte wohl die größte Mühe, sich der Ruhe zu befleißigen, die der Mutter Krankheit erforderte. Wenn er sich nicht in die notwendigen Grenzen schicken konnte, puffte ihn Grete und meinte ernsthaft:

„Du weißt wohl nicht, was sich schickt, wie?"

Hermann war unermüdlich. Wenn auch die Nachbarin sich mit großer Treue um die Pflege der Kranken mühte, blieb doch für ihn als den Ältesten noch recht viel zu tun übrig. Er tat alles ohne Murren.

Manchmal in der Dämmerung, wenn sich die ersten Sterne am Himmel zeigten und sich auf den Straßen eine Laterne nach der anderen zu entzünden begann, konnte er lange am Fenster stehen, an dessen Scheiben schon wieder Eisblumen wuchsen. Dann schaute er hinauf zu den Sternen und dachte daran, dass im gleichen Augenblick vielleicht auch der Vater die blinkenden, glitzernden Lichter sah.

In diesen Stunden erlebte Hermann oft etwas Seltsames, ihm bis dahin Unbekanntes. War es der Gedanke an die kranke Mutter? War es der Wunsch, über alle Fernen hinwegzueilen und einmal beim Vater zu sein?

Er wusste es nicht. Er fühlte nur, dass in seine Augen Tränen treten wollten, deren er sich plötzlich schämte und die er zurückdrängte wie etwas, das nicht da sein dürfte. Dabei dachte er an den Vater, der ihm einmal in einem Brief aus Frankreich geschrieben hatte: Ein Junge weint nicht, es sei denn, er weine darüber, dass er sich schlecht betragen habe!

Heute war wieder ein Brief von Vater gekommen. Der Brief war empfangen worden mit Freude wie immer. Aber als ihn die Mutter gelesen hatte, schauten sich die Kinder lange fragend an. Sie verstanden etwas nicht und warteten darauf, dass ihnen die Mutter erklärte, was der Vater schrieb.

Ein Abschnitt des Briefes war an Hermann gerichtet und lautete so:

„... und für Dich, lieber Hermann, setze ich noch ein paar besondere Worte hinzu, weil Dich am meisten angeht, was ich schreiben muss. Du weißt, es war mein Plan, zu Deiner Einsegnung auf Urlaub zu kommen. Nun muss ich Dir sagen, dass das leider nicht gehen wird. Wir haben den Bescheid erhalten, dass in den nächsten beiden Monaten niemand beurlaubt werden darf. Erst im April oder Mai dürfen wir nach Hause. Solange müsst ihr euch also noch gedulden.

Nun wirst du den Kopf hochhalten, mein Junge. Das Vaterland geht vor, was Du verstehen wirst. Wenn ich an Deiner Einsegnung auch nicht teilnahmen kann, so werde ich doch im Geiste an Deiner Seite stehen und bitte Gott, dass es für Dich ein schöner, unvergesslicher Tag sei ..."

Das also hatte der Vater geschrieben und das war es, was die Geschwister so fragend dreinschauen ließ.

Sie guckten die Mutter an.

„Ja, Kinder", sagte diese, „da müssen wir Geduld haben. Vater hat Recht, erst kommt die Pflicht draußen, damit die Feinde nicht in unsere Heimat kommen. Wisst ihr, was wir tun? Wir machen jetzt gleich ein Feldpostpaket fertig und schreiben dem Vater einen feinen, lustigen Brief."

Die Kinder stimmten begeistert zu. Nur Hermann war etwas stiller als die anderen. Er glaubte zu fühlen, dass die Stimme der Mutter nicht so sicher war wie sonst.

Bald danach wurde das Päckchen bereitet. Es war nur klein und schmal. Denn was hatte in jenem Kriegswinter die Heimat noch zu verschicken? Es fehlte ja fast an allen Dingen, und was man besaß, war kümmerlicher Ersatz. Aber die Mutter wusste immer noch etwas zu entdecken. So packten die Kinder ein paar Pulswärmer ein, die von der Mutter gestrickt waren und an denen auch Grete ein paar Reihen gearbeitet hatte. Peter schob ein kleines Bildchen mit hinein, das er zwar am liebsten hatte, an dem sich aber der Vater doch freuen sollte. Hermann brach von einem gesunden Tannenzweig ein kleines Ästchen ab und legte es bei als einen Gruß aus der Heimat.

Am Brief an den Vater waren alle beteiligt. Selbst Barbara wurde ein Bleistift in die Hand gedrückt und unter Peters energischer Führung kritzelte sie Namen und Gruß aufs Papier.

Hermann schrieb die Anschrift. Sie war nicht kurz, denn Division, Regiment, Bataillon und Kompanie mussten genau angegeben sein. Peter brachte das Päckchen zur Post, Grete begleitete ihn.

Nachdem beide die Wohnung verlassen hatten, setzte sich Hermann mit der Zeitung an Mutters Bett, um mit ihr die Spalten durchzugehen, die Lehrstellen anzeigten. Die Mutter hatte gehofft, schneller wieder gesund zu sein, als es der Fall war. Aus diesem Grunde hatte sie die Suche nach einem Lehrplatz für ihren Jungen noch immer hinausgeschoben, um mit ihm in den angezeigten Geschäften nachfragen zu können. Aber nun durfte sie nicht mehr länger warten, denn bis zur Schulentlassung waren nur noch fünf Wochen Zeit. So blieb nur übrig, dass Hermann allein auf die Suche ging.

Sie hatte mit ihrem Ältesten schon vor Tagen alles Notwendige durchgesprochen und ihn darauf vorbereitet. Mit dem Vater war vereinbart worden, dass Hermann eine kaufmännische Lehre im Eisenhandel antreten sollte.

Heute fanden sie zwei Firmen angezeigt, die zu Ostern einen Lehrling einstellen wollten. Hermann schrieb die Namen auf einen Zettel, steckte sein Schulzeugnis sowie den auf einen weißen Bogen säuberlich geschriebenen Lebenslauf ein und ging, als die Geschwister von ihrem Weg zur Post zurückgekehrt waren, frohgemut aus dem Haus.

Hermann fühlte, dass es eine besondere Stunde für ihn war. Er wusste, er hatte eine Aufgabe zu erfüllen, die ihn ängstlich und stolz zugleich machte. Auf der Straße angekommen, überkam ihn plötzlich eine nicht gekannte Freude. Er rieb sich lächelnd die Hände und ließ sie schallend aufeinanderschlagen. Schön ist das Leben doch! Pfeifend und mit langen Schritten ging er die Straßen kreuz und quer.

In einer Mittelstraße befand sich das Geschäft der ersten Firma. „Biemann & Co., Eisenwaren en gros" stand über einer breiten Einfahrt. Ein Laden war nicht zu sehen. Also unterhielt die Firma nur Büro und Lager.

Hermann ging durch die Einfahrt und kam auf einen mit vielen Kästen bestandenen Hof. Links sah er eine Tür, darauf mit großen Buchstaben geschrieben stand: „Portier! Anmeldung hier!"

Hermann sah auf die Tür und hatte den Wunsch, dass sie geschlossen sein möchte. Sein Herz klopfte etwas lauter als sonst und als er zaghaft die Türklinke herunterdrückte, schlug es ihm sogar bis zum Hals.

In dem kleinen Raum saß ein alter, noch rüstiger Mann mit kräftigem Schnurrbart auf einem Drehschemel. Er hatte einen Stoß Briefumschläge vor sich, auf die er Marken klebte. Das tat er langsam und so hingebend, dass er scheinbar den Eintretenden nicht bemerkte. Oder tat er nur, was ein Portier immer tut, nämlich, jeden Eintretenden erst einmal warten zu lassen? Der Portier klebte Marken auf die Umschläge. Hermann sagte zum zweiten Male: „Guten Tag!"

Wieder vergingen ein paar Sekunden. Dann guckte der Alte über seine Brillengläser hinweg den Jungen an, der verlegen seine Mütze drehte.

Jetzt nahm der Portier die Brille ab und sagte: „Und?"

„Ich ... hm ... ich ... ja, ich wollte mal fragen, ob Sie mich als Lehrling brauchen können?" stotterte Hermann und hatte einen roten Kopf dabei.

Der alte Portier zog ein rotgeblümtes Schnupftuch aus der Tasche, wischte sich umständlich seinen struppigen Bart, so, als hätte er eben eine gute Mahlzeit eingenommen und sagte: „Nein!"

Da machte Hermann auf seinem linken Absatz eine schnelle Kehrtwendung und war zur Tür hinaus, noch ehe er wusste, wie ihm geschah. Als er wieder vor der breiten Einfahrt stand, sah er das Schild an, auf dem geschrieben stand: „Biemann & Co., Eisenwaren en gros."

Etwas gedrückt ging er weiter. Hätte er nicht den Alten fragen sollen, warum sie keinen Lehrling brauchen?

Wenn er sich überall so schnell abfertigen ließ, dann würde es ihm überhaupt nicht gelingen, eine Stelle zu finden. Am liebsten wäre er wieder nach Hause gegangen, ohne die zweite Firma aufzusuchen. Aber was würde die Mutter sagen? Die würde fragen, wie es ihm ergangen war und dann müsste er ihr sagen, dass er den Mut verloren hätte, zum zweiten Male nachzufragen.

Hermann schämte sich plötzlich. Was würde der Vater von ihm denken?

Er zog den Zettel aus der Tasche und las: Gustav Linke, Eisenhandlung, Breitestraße 5.

Ich will's doch tun, meinte er.

Über zwei großen, hellerleuchteten Schaufenstern las er noch einmal, was auf dem Zettel stand. Er ging ein paarmal vor der Ladentür auf und ab. Wie er sehen konnte, standen zwei ältere Damen drinnen vor dem Ladentisch.

Ich werde warten, bis sie wieder draußen sind, sagte er. Hoffentlich kommen sich nicht so bald heraus, dachte er weiter. Da ging auch schon die Ladentür auf und die Damen traten auf die Straße.

Hermann gab sich einen Ruck, nahm schon zwei Meter vor der Tür seine Mütze vom Kopf und stand im Laden.

Wahrscheinlich hatte er nur leise „Guten Tag" gesagt, denn niemand erwiderte seinen Gruß.

Ein älterer, freundlich aussehender Herr trat aus dem Hintergrund hervor und fragte: „Na, mein Sohn, was bringst du Schönes?"

Es musste in diesem Satz viel Zutrauen gelegen haben, denn Hermann fühlte, wie er etwas freier atmen konnte, um dann ruhig und ohne stocken zu sagen: „Ich wollte fragen, ob Sie einen Lehrling brauchen können?"

Der freundliche Herr legte dem Jungen über den Ladentisch hinweg die Hand auf die Schulter und sprach: „Das tut mir leid, mein Junge, aber die Stelle ist schon besetzt."

Hermann schien das im Augenblick nicht so recht zu begreifen. Er sagte: „Ach so" und ging schnell wieder davon.

Draußen ärgerte er sich. Hätte er dem freundlichen Mann nicht noch danken sollen? Man kann doch nicht einfach so davonlaufen! Es war eben doch nicht viel mit ihm los. Ob er je eine Stelle finden würde? Vorhin hatte er gesagt, das Leben sei schön, aber jetzt wusste er, dass es nicht so war.

Kleinlaut kam er zuhause an. Doch die Mutter lächelte: „Nun, was heute nicht ist, wird morgen sein."

Aber als der nächste Tag kam und sie miteinander die Zeitung aufschlugen, fanden sie keine Anzeige darin. Auch am folgenden Tag nicht. Erst nach drei Tagen konnte Hermann wieder einen Zettel nehmen und einen Namen darauf schreiben: Friedrich Langeloh, Buchenweg 2.

Nicht sehr mutig zog er los.

Kopf hoch, Junge, hatte die Mutter gesagt; guck nach oben, Gott im Himmel vergisst uns nicht.

Aber bei Friedrich Langeloh auf dem Buchenweg erging es ihm nicht besser als vor Tagen. Ob die Stelle noch frei ist? Nein, die ist bereits besetzt.

Hermann war schon wieder an der Ladentür und lief in seiner Verwirrung einem alten Herrn in die Arme. Dabei konnte er nicht verhindern, diesem auf den Fuß zu treten.

„Au" rief lachend der Getretene. „Junge, dass tut weh!"

Doch ehe Hermann etwas sagen konnte, nahm ihn der Fremde am Kinn und sagte: „Wir kennen uns doch? Bist du nicht der kleine Schneeschipper?"

Hermann erinnerte sich an jenen kalten Morgen, an dem der freundliche Herr im Pelzmantel mit ihm geredet hatte beim Säubern der Straße.

„Das bin ich", sagte er.

„Wolltest du etwas bei uns kaufen?"

„Nein!" gab er zur Antwort.

Ein Angestellter, der ein paar Schritte entfernt von den beiden stand sah, dass Hermann verwirrt und verlegen war. Da kam er dem Jungen zu Hilfe, trat rasch hinzu, und die Herren sprachen ein paar Worte miteinander, die der Junge nicht verstand.

„Komm mit!" sagte darauf der Herr im Pelz.

Hermann folgte ihm durch den langen, breiten Laden, ging mit ihm ein paar Stufen in die Höhe und stand nach wenigen Schritten in einem gut durchwärmten, freundlichen Zimmer. Der Herr legte den Pelz ab, hieß Hermann auf einem Sessel Platz nehmen und setzte sich dem Jungen gegenüber.

„Zeig doch einmal dein Zeugnis und den Lebenslauf!"

Hermann, der so weit auf der vordersten Kante des Sessels hockte, dass er fast herunterrutschte, reichte das Papier hin. Der Herr las. Dann sah er auf den Jungen mit einem guten, freundlichen Blick.

„Ich bin der Inhaber des Geschäfts. Zwar habe ich eben einen Lehrling angestellt, aber ich könnte noch einen brauchen. Wenn du Lust hast, kannst du bei mir eintreten. Deine Mutter ist wohl auf Arbeit?"

Hermann antwortete, dass sie krank sei, schon seit Wochen.

Herr Langeloh reichte Hermann die Hand und sagte: „Es ist gut, ich werde deiner Mutter einen Brief schreiben und, wenn sie gesund ist, noch einmal mit ihr sprechen."

Darauf führte er den Jungen durch den Laden zur Tür und meinte zu einem Angestellten: „Ein netter Kerl, der wird sich machen."

Doch das hörte Hermann nicht mehr.

Auf der Straße hätte er beinahe wieder einem Vorübergehenden auf den Fuß getreten. Er hüpfte vor Glück.

Atemlos kam er bei der Mutter an. Seine Berichterstattung kam etwas aus der Reihe: Buchenloh – Langeweg – Fußtritt – ein Herr im Pelz – Brief schreiben – usw. Die Worte purzelten durcheinander und erst nach einigen Minuten wusste die Mutter, dass ihr Junge bei der Firma Langeloh auf dem Buchenweg als Lehrling eintreten konnte.

Die Mutter war ebenso glücklich wie die Kinder. Am Abend saßen sie wieder am Bett der Kranken und wieder las Hermann den 23. Psalm.

Als er heute in seinem Bett lag, kam lange kein Schlaf in seine Augen. Er wollte auch noch nicht schlafen. Es war so schön, an Langeloh zu denken und auch an den Vater; es war schön, erlebt zu haben, dass die Welt doch kein dunkles Tal ist.

In dieser Nacht wanderte Hermann im Traum durch ein schönes Land mit grünen Auen und Wiesen; dann lag er am Waldrand und um ihn herum blühten viele herrliche Blumen.

Kapitel 5: Das Ständchen

Auf diesem Nachmittag folgten ein paar glückliche Tage. Strahlend ging Hermann am nächsten Tag zur Schule und berichtete voller Stolz Rektor Koch von seinem gestrigen Erlebnis. Der Rektor hatte seine Jungen dahin gebracht, dass sie unbefangen von dem erzählten, was ihr Leben bewegte. Besonders in den letzten Wochen vor der Schulentlassung ließ er sich immer wieder von den Einzelnen berichten, welchen Beruf sie ergreifen wollten. Vor allem lag ihm daran, zu wissen, ob sie schon einen Arbeitsplatz gefunden hatten. Wo er konnte, mühte er sich selbst um den einzelnen Jungen und half mit seiner Erfahrung vielen auf den richtigen Weg.

So war es nicht zu verwundern, dass auch Hermanns Bericht von seiner Stellensuche die wärmste Anteilnahme des Rektors fand, der die Gelegenheit benutzte, den Jungen auch jetzt wieder zu sagen, sich von keiner Enttäuschung entmutigen zu lassen, sondern tapfer alle Widerstände zu ergreifen.

Noch stolzer war Hermann, als er sich daheim Feder und Papier heranholte, um dem Vater von seinen Erlebnissen zu schreiben. Sorgfältig machte er das Schreibzeug zurecht und gab noch einmal den Geschwistern die strengste Anweisung, ihn jetzt bei seiner Arbeit auf keinen Fall zu stören. Peter prophezeite er die ungeheuerlichsten Strafen, wenn dieser es doch wagen sollte, ihn beim Schreiben zu hindern. „Dann zieh' ich dir die Ohren drei Meter lang!" sagte er zum Bruder.

Hermann schrieb:

„Lieber Vater! Heute kann ich Dir eine ganz große Mitteilung machen, nämlich die, dass ich am 1. April in die Firma des Herrn Friedrich Langeloh, hier, Buchenweg 2, als Lehrling eintreten werde. Da bist Du sicher erstaunt, was? Ja, ich bin auch erstaunt. Doch das stimmt nicht ganz. Es muss heißen, dass ich sehr glücklich bin. Das Spaßige dabei ist, dass ich schon ein Bekannter von Herrn Langeloh war, ehe ich sein Lehrling wurde. Wir hatten uns nämlich einmal gesprochen, als ich unten auf der Straße am frühen Morgen Schnee fegte. Herr Langeloh trägt nämlich einen Pelz, der ist einfach feudal. Diesen Pelzmantel erkannte ich wieder, als ich ihm gerade einen Fußtritt gegeben hatte. Das war mir sehr peinlich. Denn als man mir gesagt hatte, die Stelle sei schon besetzt, wollte ich schnell aus dem Laden heraus und sah gar nicht den Herrn, der gerade zur Tür hinein wollte. Da trat ich ihm aus Versehen auf seine Fuß. Nun schrie er ‚Au!' und da erkannten wir uns. Nachher bin ich im Büro von Herrn Langeloh gewesen, und da hat er mir auch gesagt, dass ich am 1. April bei ihm anfangen kann. Er hat auch der Mutter einen Brief geschrieben. Mutter sagt, das ist ein sehr schöner Brief, darüber kann man sich freuen, was wir auch tun, und Du wirst Dich auch darüber freuen, nicht?

Lieber Vater! In zwei Wochen ist meine Konfirmation. Es ist schade, dass Du nicht dabei sein kannst, aber natürlich ist es wichtiger, dass Du bei Deiner Kompanie bleibst. Wenn Du nach Ostern kommst, freuen wir uns auch. Dann zeige ich Dir mal das Geschäft von Herrn Langeloh. Es hat ein prächtiges Schaufenster.

Mutter und Peter, Grete und Barbara lassen Dich grüßen. Es grüßt Dich

Dein Sohn Hermann.

Nachschrift: Das Geschäft von Herrn Langeloh hat nicht ein Schaufenster, sondern zwei!"

Das war nun ein langer Brief geworden. Hermann las ihn seiner Mutter und den Geschwistern vor, die alle nacheinander, wie das immer geschah, ihren Namen daruntersetzten. Dann wurde er sorgfältig in einen Umschlag gesteckt und eigenhändig trug ihn Hermann zum Briefkasten.

Die Krankheit der Mutter dauerte immer noch an. Es war eine langwierige Erkältung und ein hartnäckiger Husten quälte die arme Frau Tag und Nacht. Ein Trost war es, dass so viele hilfsbereite Hände sich um die Familie mühten.

So nahm man sich auch der Vorbereitungen für Hermanns Einsegnung freundlich an und als der für jeden jungen Menschen so bedeutungsvolle Tag herbeigekommen war, konnte Frau Jansen dankbaren Herzens feststellen, dass es ihrem Jungen an nichts fehlte. Freilich war es ihr ein großer Schmerz, dass sie nicht mitgehen konnte, sondern auch an diesem Tag das Bett hüten musste. Aber sie verbarg ihn tapfer vor den Kindern.

Die größte Sorge war ihr, dass ihr Ältester sich der Bedeutung des Tages recht bewusst werde. Sie hatte mit ihm so manches Mal davon gesprochen und ihm zu sagen versucht, dass Gott an diesem Tag in besonderer Weise vor ihn hintreten und um sein junges Leben werben würde. Und als sich Hermann auf den Weg zur Kirche machte, von der treuen Nachbarin begleitet, legte die Mutter ihre müden Hände ineinander und hielt sie lange gefaltet. Die Orgel brauste durch das hohe Kirchenschiff. Die Mädchen und Jungen gingen in langer Reihe durch den Mittelgang zum Altar, geführt vom Pfarrer, der silberweißes Haar auf seinem Greisenkopf trug und in dessen klaren Augen eine große Güte lag.

Der Pfarrer sprach zu den jungen Menschen. Es lag ein tiefer Ernst in seiner Rede, denn er musste der vielen Väter gedenken, die in dieser Stunde mitten im Grauen des Krieges ihr tapferes Leben durchkämpften. Nur wenige Männer saßen unter den Erwachsenen, und die darunter waren, trugen einen zerschlissenen feldgrauen Rock, wenn es nicht Greise waren, die eine Waffe nicht mehr tragen konnten.

Ja, er sprach mit großem Ernst, der Pfarrer, aber es fehlte die Freude nicht in seinen Worten. Denn es sei, so betonte er, doch immer eine rechte Freudenstunde, wenn in besonderer Weise Gott vor den Menschen stünde und sie einlade, zu ihm zu treten und an seiner Stelle zu gehen. Mit guten Worten warb der Pfarrer um die Herzen derer, die in der Blüte ihres Lebens vor ihm saßen.

Hermann hatte mit aufgeschlossenem Sinn den Worten gelauscht, und als die Einsegnung kam und er den Spruch erhielt: „Die auf den Herrn harren, kriegen neue Kraft, dass sie auffahren mit Flügeln wie Adler", da durchzuckte ihn eine Freude, von der er nicht wusste, woher sie kam.

Dann gingen die Jungen und die Alten in ihre Häuser zurück, in die Stuben, in denen der Hunger wohnte und die Kälte täglich zu Gast war. Es gab keine lauten Feiern, still saßen die Menschen beieinander.

Auch in der Wohnung von Frau Jansen war es so. Aber Gott war da mit seinem Segen. Hermann saß vor der Mutter, neben ihm Peter und auf dem Bettrand die Schwestern, und er erzählte, wie schön alles gewesen sei.

„Denk' dir doch", sagte er immer wieder zur Mutter, „dieser Spruch: ‚Dass sie auffahren mit Flügeln wie Adler!', klingt das nicht herrlich?"

„Ja", sagte die Mutter, „aber du musst den ganzen Spruch sagen und darfst nicht vergessen, was vorher steht: ‚Die auf den Herrn warten ...' Nicht wahr, mein Junge, du wirst Gott immer vor Augen haben?"

„Doch, Mutter, du tust es ja auch und auch der Vater tut's", sagte Hermann.

Am 31. März, an einem Freitag, war der Entlassungstag in der Schule. Die Klasse freute sich sehr darauf. Aus mancherlei Gründen. Zunächst wohl, weil es das letzte Mal war, dass sie das Schulhaus betraten. Dann, weil eine Abschiedsfeier stattfand mit Ansprachen, Liedern, Gedichten und Zeugnisverteilung. Zuletzt aber auch aus dem Grunde, weil sich die abgehende Klasse eine besondere Überraschung für Papa Schmidt, den Schuldiener, ausgedacht hatte.

Das Klassenzimmer, in dem das letzte Schuljahr untergebracht war, war heute bis zur äußersten Ecke besetzt. Eine Aula gab es im Schulgebäude nicht und der für solche Feiern benutzte Raum war nicht allzu groß. Das Katheder war mit einer Girlande und mit Blumen geschmückt. Auf den Stühlen, die seitlich der Bankreihen standen, hatte die Lehrerschaft Platz genommen. Es waren nur ältere Lehrer, denn die jungen trugen seit langem den feldgrauen Rock.

Nach einigen Liedern und Gedichten kam die Ansprache des Rektors. Die Jungen hörten ihm gespannt zu. Fast tat es ihnen leid, dass sie den guten Mann nun nicht mehr hören sollten. Hermann hing an seinen Lippen. Als der Rektor am Schluss sagte, er wolle ihnen jetzt ein gutes Wort mit ins Leben geben, das sie nicht vergessen möchten, horchte die Klasse mit doppelter Aufmerksamkeit.

„Behaltet das Wort im Herzen", schloss der Rektor, „das Wort ist das Geheimnis, immer jung zu bleiben und auch in den dunkelsten Stunden des Lebens tapfer seinen Mann zu stehen. Das Wort heißt: Die auf den Herrn harren, kriegen neue Kraft, dass sie auffahren mit Flügeln wie Adler."

Hermann stieß mit dem Fuß seinen Nachbarn an und bekundete diesem mit Blick und Gebärde, was er im gleichen Augenblick dachte: Siehst du, und das ist mein Konfirmationsspruch!

Nachdem die Feier beendet war und sich auch die mehr oder weniger große Begeisterung über die empfangenen Entlassungszeugnisse gelegt hatte, gab es in einer abgelegenen Ecke des Schulhauses ein großes Getrampel. Nur die entlassenen Schüler der ersten Klasse hatten Zutritt zu der geheimnisvollen Vorbereitung, die hier stattfand. Wer es wagen wollte, als Unberechtigter herzutreten, wurde unbarmherzig beim Kragen gepackt und wegbefördert.

Fritz, Max und Hermann, die drei, die vor einigen Wochen im Gleitflug in den Armen von Papa Schmidt landeten und von ihm mit einer kräftigen Ohrfeige für diese Leistung belohnt worden waren, hatten die Leitung bei dem kommenden Akt übernommen. Max und Hermann schleppten einen kleinen Sack herbei, in den die anderen nur unter Versicherung hineinschauen durften, dass sich keiner laut über den Inhalt äußere. Der Sack sollte Papa Schmidt nach einem Lied überreicht und der alte Mann noch mit einer Ansprache besonders gefeiert werden.

Über der Auswahl des Liedes wäre es ein paar Tage vorher beinahe zum Krach gekommen. Die einen meinten, man solle die „Wacht am Rhein" singen, die anderen schlugen vor: „Sah' ein Knab' ein Röslein." Georg Schumacher, die „Eule", sagte, es käme nur eins in Frage, nämlich: „Der Mai ist gekommen" worauf ihm Fritz antwortete, dass er der größte Schafskopf sei, den er bisher gesehen habe.

Es wäre wohl noch lange hin und her gegangen, wenn nicht Max plötzlich einen guten Gedanken gehabt hätte. Er war sozusagen der Kolumbus, der das berühmte Ei auf den Tisch stellte. Max meinte, es wäre gut, wenn in dem Lied der Vorname von Papa Schmidt vorkäme; er, der Max, könnte eventuell ein solches Lied dichten, das hätte er schon oft getan.

Doch Fritz sagte, das mit dem Dichten sei Quatsch, besser sei schon die Sache mit dem Vornamen.

Worauf sie anfingen, ernstlich nach einem Lied zu suchen, in dem der Name Joachim, wie Papa Schmidt mit dem Vornamen hieß, vorkam.

Da hatte Hermann plötzlich eine Erleuchtung bekommen und gebrüllt: „Ich hab's: Joachim Hans von Ziethen, Husarengeneral!" Auf dieses Lied einigte sich die Klasse. Eine Gesangsprobe erachteten sie nicht für notwendig. Fritz hatte gemeint, die Hauptsache sei, dass recht laut gesungen werde.

Das sagte er ihnen auch jetzt noch einmal, als sich die Schar in ihren neuen Entlassungsanzügen über den Hof bewegte und im Erdgeschoß des Seitengebäudes vor der Wohnung des Schuldieners Aufstellung nahm.

„Bei vier geht's los!" zischelte Fritz den Kameraden zu.

Er zählte eins, zwei, drei ... und wuchtig erklang es auf dem halbdunklen Flur: Joachim Hans von Ziethen, Husarengeneral ... Des Schuldieners Tochter, die nahe der Tür in der Küche gestanden hatte, ließ vor Schreck das Messer aus der Hand fallen. Papa Schmidt sagte: „Nanu", und öffnete die Tür.

„Lauter", rief Fritz mit heiserer Stimme.

Die Lehrer, die noch in der Schule anwesend waren, kamen überrascht herbei und traten hinter die Sänger, die sie freilich nicht bemerkten, weil die Jungen zu sehr in ihr Ständchen vertieft waren.

Nun war das Lied zu Ende. Max und Fritz zerrten den Sack zwischen ein paar Beinen hervor und schleiften ihn vor die Füße von Papa Schmidt. Dann trat Hermann vor und sagte: „Diese Kartoffeln stiften ihnen die hier versammelten Jungen mit dem Wunsche, dass ihnen dieselben allezeit recht gut schmecken möchten."

Und zu seinen Kameraden gewandt, rief er: „Unser Papa Schmidt ... hurra, hurra, hurra!"

Der Hurraschrei donnerte über den Flur.

Papa Schmidt wusste nicht recht, was er sagen sollte. Er drehte an seinem Schnurrbart, räusperte sich und sagte nur: „Lausbuben seid ihr doch, ihr Lausbuben!"

Dann ließ er sich erzählen, wie de Jungen seit Wochen die Kartoffeln zusammengespart hatten, um ihm eine Freude zu machen.

Papa Schmidt schüttelte jedem Jungen die Hand. Die Lehrer im Hintergrund schmunzelten vergnügt.

Jetzt aber tobte die Schar mit Hallo über den Hof und zur Schultür hinaus.

In seinem Wohnzimmer stand Papa Schmidt hinter der Gardine und sah lange den davoneilenden Buben nach.

„Lausbuben sind's, aber gute Kerle", sagte er.

Dann ging der Alte ins Zimmer zurück.

Kapitel 6: Auf des Lebens Schwelle

Das große Ereignis der Schulentlassung mit dem anschließenden Ständchen für Papa Schmidt war vorüber. Die Jungen gingen in Gruppen stolz wie Gockelhähne durch die Straßen. Sie hatten das Gefühl, dass alle Menschen mit ehrfürchtigen Augen auf sie sähen. Nun waren sie Männer! Und als ob sich dieser Tatsache die Jungen immer wieder vergewissern wollten, guckten sie liebevoll auf ihre langen Hosen herab, denen Fritz den unvergleichlichen Namen „Ofenröhren" gegeben hatte. Wer etwa von den jüngeren Mitschülern wagte, die so Dahinschreitenden anzusprechen, der wurde mit einem vernichtenden Blick in die Bezirke seines Alters verwiesen.

„Im übrigen kannst du ruhig Sie zu mir sagen", meinte Fritz zu einem, der gefragt hatte, wie spät es sei.

Hermann war ein beträchtliches Stück hinter den Kameraden zurückgeblieben. Er war natürlich so stolz wie die anderen auch. Aber er schaute noch ein paarmal zu dem alten Schulhaus hinüber, das nun still und verlassen in der Reihe der anderen Häuser stand.

Er sollte also nie mehr das Haus betreten? Er hat doch eigentlich viele schöne Stunden dort drinnen verlebt, auch wenn er mehr als einmal gemurrt hatte über die Tage, die ihm nicht gefielen.

Trotzdem, es war eine schöne Zeit gewesen. Wenn er zum Beispiel an die Mobilmachungstage dachte, damals im August 1914. Früh zur gewohnten Stunde waren die Jungen über den Schulhof gegangen und sahen mit erstaunten Augen, wie alle Klassenzimmer voll Soldaten lagen. Die

Bänke waren ausgeräumt worden und standen irgendwo übereinandergestellt auf dem Boden oder im Keller, dafür war der Klassenraum mit Strohsäcken belegt, zwischen denen die Feldgrauen hin- und herliefen.

Das waren lustige Männer gewesen. Der eine hatte ihm sogar einmal das Gewehr über die Schulter gelegt.

Ob der Vater auch sein Gewehr mitbringt, wenn er nun bald auf Urlaub kommt?

Solche Gedanken liefen durch Hermanns Kopf, als er noch etliche Male zum Schulhaus zurücksah, um dann den Kameraden nachzugehen.

Einige Unternehmungslustige schlugen vor, einen ausgiebigen Bummel durch die Stadt zu machen, aber die meisten hatten wenig Lust dazu. Einmal war es noch immer grimmig kalt, zum andern wollte man nach Hause. Es gab dort viel zu erzählen und im Übrigen musste noch mancherlei für morgen vorbereitet werden.

Die Jungen trennten sich. Sie riefen sich alle „Auf Wiedersehen" zu, aber keiner von ihnen ahnte, dass es eine Trennung für viele Jahre, wenn nicht fürs ganze Leben war. Nein, es war ihnen nicht bewusst, dass sie sich vielleicht hier oder da noch einmal in der Stadt begegnen, sonst aber mehr und mehr ganz verlieren würden.

Zuhause angekommen, durfte Hermann eine große Freude erleben. Am Fenster im Lehnstuhl saß die Mutter! Sie hatte heute das erste Mal für kurze Zeit das Bett verlassen können und überraschte nun ihren Jungen damit, dass sie ihren Platz am Fenster einnahm wie sonst in gesunden Tagen.

„Das ist aber fein, Mutter!" sagte Hermann.

Er hätte eigentlich noch viel mehr sagen können, aber er vermochte es jetzt ebenso wenig, wie bisher. Dafür lag jedoch in seinem Blick eine unverhohlene Freude, die umso deutlicher von dem sprach, was er in diesem Augenblick empfand.

Während Peter am anderen Fenster stand und Kriegsgeschichten las, spielten die Schwestern mit ihren Puppen. Sie taten es noch immer leise, um die Mutter nicht zu stören, aber es lag über ihrem Spiel die stille Fröhlichkeit, die immer dann sich zeigt, wenn kleine oder große Menschen von einem langen Druck befreit sind.

Hermann plauderte frisch drauf los von seinen Erlebnissen am Vormittag. Begeistert erzählte er von der Feier. Die Augen strahlten, als er von der Ansprache berichtete, die Rektor Koch gehalten hatte.

„Und was meinst du, Mutter, was er uns am Schluss für ein Wort gesagt hat?" fragte er.

Die Mutter wusste es natürlich nicht und sah ihn forschend an.

„Du wirst staunen: Meinen Konfirmationsspruch!"

„Ich freue mich sehr darüber", meinte die Mutter. „Nun wirst du das schöne Wort gewiss nie vergessen, Vater liebt es auch."

„Ja?" fragte Hermann.

Er fragte so, als ob nun alles noch ganz anders wäre. Also auch der Vater liebte das Wort ...

Die Stunden dieses Tages vergingen Hermann ein wenig langsam. Nicht, dass er sich gelangweilt hätte, aber er war voller Spannung im Blick auf den kommenden Tag.

Am Nachmittag legte er den Weg von seiner Wohnung bis zum Buchenweg zurück. Er wollte sehen, wie lange er brauchen würde, um in seinen „Dienst" zu kommen. Er stoppte die Zeit und stellte fest: dreißig Minuten.

Der nächste Morgen fand ihn lange vor der Zeit wach, so dass er nicht geweckt zu werden brauchte. Als er sich ankleidete, sahen ihm die Geschwister von ihrem Bett aus zu.

„Freust du dich?" fragte Grete.

Es klang beinahe mütterlich.

Die Geschwister waren stolz auf ihren Bruder. Warum, das hätten sie nicht genau sagen können, aber sie fühlten etwas Besonderes dabei, dass Hermann nun schon „zur Arbeit" ging.

Er gab der Mutter die Hand zum Abschied.

„Leb wohl und Kopf hoch, Junge! Wenn du den Mut verlierst, dann sieh nach oben! Gott wird dir Kraft geben, treu und fleißig deine Pflicht zu tun."

Hermann stieg die Treppen hinab, wohlgemut und sich freuend auf alles, was kommen würde.

Eine Viertelstunde vor der Zeit war er am Geschäft des Herrn Langeloh auf dem Buchenweg. Die Angestellten kamen nacheinander, er grüßte sie achtungsvoll.

Dann kam der erste Vormittag. Man sagte „Sie" zu ihm, obgleich man ihn bei seinem Vornamen rief. Wie klang das nur? Aber Hermann war stolz, er fühlte sich nun noch mehr aufgenommen in die Gemeinschaft der Großen.

Mit Staubwischen begann seine Tätigkeit, und als die ersten fünf Stunden des Vormittagsdienstes vorüber waren, hatte er es schon dahin gebracht, einen riesigen Kasten zu ordnen, der mit Schrauben angefüllt war.

Fast bedauerte er es, dass die Mittagszeit herangekommen war und er gesagt erhielt, nun dürfe er zwei Stunden Pause machen und müsse um drei Uhr wieder im Geschäft sein.

Pünktlich um drei Uhr war er zur Stelle, und die Zeit bis zum Abend verflog ihm ebenso wie am Vormittag. Freudig trat er seinen Heimweg an.

An der Wohnungstür kam ihm die Mutter entgegen. Es war ein wenig dunkel in dem kleinen Vorraum, so dass er ihr Gesicht nicht deutlich sehen konnte.

Sie fragte ihn, wie es gewesen sei.

„Schön, Mutter!" antwortete Hermann.

„Hast du vergessen, was ich dir heute morgen beim Abschied sagte?" fragte die Mutter weiter.

Als Hermann den Kopf schüttelte, setzte sie mit veränderter Stimme hinzu:

„Nicht wahr, mein Junge, du hältst den Kopf hoch?"

Hermann nickte und ging mit der Mutter in die Stube.

Da zeigte sie ihm einen Brief, der auf dem Tisch lag. Hermann wunderte sich, dass die Aufschrift mit seiner Hand geschrieben war. Es war der Brief, den er vor der Konfirmation an den Vater geschickt hatte. Der Brief hatte den Empfänger nicht mehr erreicht, dafür hatte ein andere, fremde Hand mit Rotstift das harte Wort auf den Umschlag geschrieben: *Gefallen.*

Hermann, der den Brief zwischen den Fingern hielt, ließ ihn aus seinen Händen gleiten. Ihm war, als zerbräche in dieser Stunde sein junges Leben. Er hatte geglaubt, es sei schon genug gewesen, was er als Last verspürt hatte in den vergangenen Monaten. Wie schwer war die Kälte, der Hunger, die Krankheit der Mutter, das Suchen einer Arbeitsstelle, ja, wie schwer war das alles gewesen.

Und jetzt?

Ohne recht zu wissen, was er tat, ging er zum Fenster hinüber und schaute eine Weile zu den blinkenden Sternen hinauf. Er fühlte, wie sich eine stille Hand auf seine Schultern legte. Hermann wandte sich um und erblickte die Mutter. Da legte er den Kopf in ihre Hände und weinte.

Wenig später hatte er sein Lager aufgesucht. Lange wälzte er sich hin und her. Endlich kam die Ruhe über ihn.

Ja, Vater, sprach er in Gedanken, ich will nicht verzagen. Aber du musst Geduld haben, Vater! Ich weiß, dass ihrer viele sind, die ebenso wie ich durch dunkle Täler wandern. Du starbst ja nur, damit wir leben können. Und Mutter sagt, du seist nicht tot, weil du ein Kind des Gottes bist, von dem die Bibel spricht, wer an ihn glaubt, der lebt, ob er auch stirbt.

Ich will die Mutter treulich stützen, Vater! Sie meint, ob unsere Wege, die wir gehen, hell oder dunkel sind, das ist nicht wichtig. Es sei nur wichtig, ob wir auf rechter Straße sind und unser Leben nicht verbringen ohne Gott.

Ich glaube, Vater, sie hat Recht, die Mutter ...

Dann kam der Schlaf und drückte dem tapferen Jungen die Augen zu.

www.ingramcontent.com/pod-product-compliance
Lightning Source LLC
Chambersburg PA
CBHW070831100426
42813CB00003B/568